삼성전자의
빅픽처

삼성전자의
빅픽처

이재운

미지biz

차례

2013년 6월, 페이스북의 창업자 마크 저커버그가 후디Hoody 차림으로 삼성전자 서초 사옥에 등장한다. 이재용 부회장과 만난 그는 일행들과 함께 거의 10시간에 걸쳐 이야기를 나눈다.

그로부터 약 1년 후인 2014년 5월, 이건희 회장이 심근경색으로 의식을 잃고 쓰러진다. 이제 '회장님'이 아닌 'JY' 이재용 부회장이 삼성을 이끌어야 하는 운명과 맞닥뜨린다.

그 상황에서 이 부회장은 또다시 저커버그를 만나 반나절가량 이야기를 나눈다. 그렇게 탄생한 결과물 중 대표적인 게 바로 '기어 VR'이다. 지금까지 존재하지 않던, 생생한 가상현실Virtual Reality(VR)을 제공하는 웨어러블 기기는 그렇

정중동의 행보에서 벗어나 본격적으로 경영 일선에 나선 삼성전자 이재용 부회장. 2018년 12월 4일, 삼성전자는 국제올림픽위원회(IOC)와의 협약을 통해 2028년 하계 올림픽까지 올림픽 공식 후원 계약을 맺었다. 왼쪽부터 고동진 삼성전자 IM 부문 대표이사, 이재용 부회장, 토마스 바흐 IOC 위원장, 다케다 쓰네카즈 IOC 마케팅 위원회 위원장(사진 제공=삼성전자).

게 탄생했다. 무형의 콘텐츠와 하드웨어 기술이 모두 필요했던 양사는 그렇게 세기의 협업을 이뤄냈다.

공교롭게도 이건희 회장의 의식불명을 전후해 일어난 삼성과 페이스북의 회동은 삼성전자가 맞닥뜨린 변화의 시간을 보여주는 계기가 되었다.

흔히 삼성전자의 강점은 반도체에 있다고 하지만, 정확히

삼성전자의 빅픽처

말하면 반도체부터 디스플레이 패널, 각종 완제품, 그리고 서비스망까지 아우르는 완벽한 수직 계열화에서 나온다.

공급망 관리(SCM)의 대가라고 불리는 애플이 그런 이익률을 내기 위해 끊임없이 하청 업체(폭스콘으로 대표되는)를 쪼아대는 것은 물론 고가의 제품을 판매하기 위한 마케팅을 기막히게 한다면, 삼성전자는 결이 좀 다르다.

삼성전자는 애플과 달리 처음에는 보급형의 이미지가 강했다. 그랬던 삼성 브랜드가 고급 이미지를 갖게 된 것은 끊임없는 도전과 혁신이 있었던 데다, 과감한 결단과 투자가 결실을 맺었기 때문이다.

이건희 회장이 다진 삼성의 신화는 앞으로 어떻게 전개될까. 과연 새로운 삼성을 이끌 이재용 부회장의 머릿속에는 어떤 구상이 자리잡고 있으며, 시장 전망은 어떠한지 전반적으로 조망해보자.

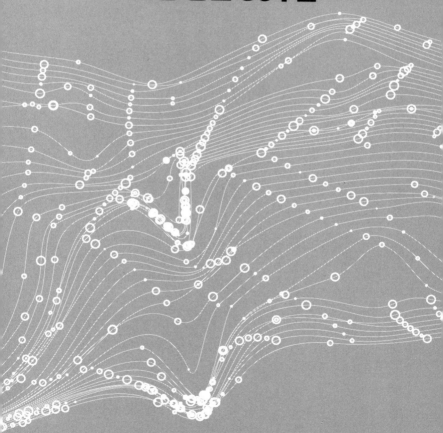

1장

삼성 창립 80주년

1938년은 어떤 해였을까. 이해 노벨문학상 수상자는 펄 벅이었고, 노벨물리학상 수상자는 엔리코 페르미였다. 문학과 과학에서 각각 기념비적인 업적을 세운 이들이다.

같은 해에 삼성그룹의 모태가 된 '삼성상회'가 문을 연다. 이후 이 회사는 삼성물산이 되고, '인재제일'을 외치는 재계 1위 삼성그룹의 모태가 된다.

삼성전자가 출범한 해는 언제일까. 삼성전자의 모태는 1969년 창업한 삼성전자공업주식회사다. 삼성전자는 산요와 합작법인을 만들어 흑백 TV 생산을 시작하면서 본격적으로 전자산업에 뛰어들었다.

사업 시작 직전인 1968년 삼성의 호암 이병철 회장이 사돈지간인 구인회 금성사(현 LG전자) 회장과 안양골프장에서 골프를 치다 "구 회장! 우리도 앞으로 전자산업을 할라카네!"라고 말했다가 이후 관계가 소원해졌다는 일화는 유명하다.

아무래도 금성 브랜드가 가전 시장에서 강했기에 지금까지도 '백색 가전은 LG'라는 말이 통용되지만, 삼성전자는 보란 듯이 명실상부한 업계 1위로 나섰다. 기점이 된 것은 1981년 컬러 TV의 등장으로, 3년 뒤인 1984년 삼성 브랜드가 컬러 TV 시장에서 1위를 차지한다. '1등 삼성'의 신화가 시작되는 순간이었다.

삼성상회가 문을 연 지 80년이 지난 2018년, 삼성은 세계 1위의 메모리 반도체 제조사이자 스마트폰 제조사, 그리고 고급형 주방 가전 브랜드와 최신 기술 기반의 TV부터 대형 전광판에 이르는 전자電子 세계의 '제국'이 됐다.

이런 제국이 완성되는 데에는 창업주 호암의 결단도 있었지만, 절대적인 역할을 한 것은 이건희 회장의 리더십이었다. 물론 모든 구성원이 함께 만든 결과이기도 하지만, 이 회장의 리더십은 이 에너지를 모아 현재의 '삼성' 브랜드 입지를 완성했다.

삼성전자의 빅픽처

프랑크푸르트 선언, 근본을 바꾸다

"마누라와 자식만 빼고 다 바꿔라."

지금 생각해보면 조금은 구식인 표현이지만, 당시에는 가장 혁신적일 수 있는 발언이었다. 1993년 6월 이건희 회장은 독일 프랑크푸르트에서 이틀에 걸쳐 100여 명의 임직원을 대상으로 강연을 진행하는데, 내용의 가장 큰 골자는 바로 위에 언급한 저 이야기이다.

근본적인 변화를 외친 이 철학은 이후 '1등 삼성'을 만드는 근간이 된다. 품질과 서비스의 수준을 근본적으로 바꾼 것은 물론이고, 시장을 선도하는 제품에 접근하고 이에 필요한 외부 인재를 영입하는 데에도 적극적으로 나서는 기반이 됐다.

이건희 회장 체제에서 삼성전자는 눈부신 발전을 이뤘다. 1993년 삼성전자의 연결 기준 연간 매출은 8조 1,570억 원, 영업이익은 1조 3,090억 원이었다. 2017년 매출이 258조 5,430억 원, 영업이익은 65조 6,698억 원을 기록한 점을 고려했을 때, 24년 새 매출은 31배, 영업이익은 50배 이상 뛰어올랐다. 삼성 브랜드의 가치도 2000년 52억 달러, 세계 43위에서 2017년 562억 달러, 6위로 상승했다.

삼성의 변화를 이끌어낸 근본적인 저력, 경쟁력은 어디에서 나왔을까? 내가 만나본 '삼성맨'들은 크게 세 가지 특징을 가지고 있었다. 철두철미함, 과감성, 그리고 초격차라는 이름의 '압도적 경쟁력 확보'였다.

철저하게 잡는다, 주도권

프로 스포츠에서 상대방을 제압하는 최고의 방법은 최상의 라인업을 통해 압도하는 것이다. 가끔 변칙 전술이 사용되기도 하지만, 이것 역시 힘의 균형을 깨뜨려 상대를 압도하기 위함이다.

삼성전자의 전략이 바로 이렇다. 메모리 반도체 시장에서의 가능성을 보고 과감히 뛰어들었고, 어느 정도 자리를 잡은 뒤에는 **빠른 투자 결정**을 통해 기술력 확보와 생산량 결정을 주도해왔다.

휴대전화 시장에서도 빠른 기동력으로 입지를 확보했고, 그러다 스마트폰으로 중심이 이동하자 역시 **빠른 결단**으로 주도권을 잡았다. 비록 옴니아라는 비운의 시리즈가 회자되고는 하지만, 그걸 바탕으로 현재의 갤럭시 신화를 만들었다는 점은 부인하기 어렵다.

이처럼 삼성의 전략은 확실한 우위 확보를 통한 1등 전략이었고, 이를 완성하기 위해 미국 럭셔리 주방 가전 브랜드 '데이코'와 오디오 및 자동차용 전장 업체 '하만'을 인수하며 역시 가전과 자동차 전장 분야에서도 1위 자리를 노린다. 물론 여기에 필요한 전기차 배터리부터 모터, 디스플레이 등 각종 부품을 담당하는 계열사들이 뒤를 받치는 구조다.

이런 노력으로 삼성전자의 이익 창출 능력은 2017년 기준 세계 3위 수준(미래에셋대우 보고서)에 이르렀다. 제조업체로는 애플에 이어 영업이익과 당기순이익 모두 2위다.

물론 이런 삼성전자의 주도 방식은 '포스트 스마트폰 시대'를 맞아 다시 도전받고 있다. 하지만 적어도 메모리 반도체와 프로세서, 통신 칩, 나아가 최종 단말기까지 모두 갖춘 삼성전자의 포트폴리오는 무엇이라도 가능하게 하는 기반이 된다.

이어지는 장에서는 삼성전자의 자원이 최근 어떤 입지를 차지하고 있고, 향후 어떤 방향으로 전개될지 살펴본다.

2장

슈퍼 사이클은
쉽게 끝나지 않는다

2017년 12월, 모건스탠리의 보고서 한 장에 삼성전자의 주가가 하루 사이에 5%나 떨어졌다. JP모건마저 다소 부정적인 의견을 보인 상황에서, 반도체 '슈퍼 사이클'의 정점이 이대로 끝나버릴 것인지에 대한 두려움이 일시에 일었다.

물론 씨티은행을 비롯해 국내 증권사들은 '고점은 아직 오지 않았다'며 반박 의견을 냈다. 하지만 '누군가는 먼저 이야기했을' 슈퍼 사이클의 정점에 대한 모건스탠리의 보고서는 의도가 불순하건 아니건 시장의 우려를 부르기에 충분했다. 정말 슈퍼 사이클은 끝난 것일까.

2013년 나타난 PC용 D램 가격의 '이상 고가 현상'은 삼성전자와 SK하이닉스, 마이크론 등 메모리 반도체 제조사들의 실적 고공 행진을 이끌었다. 당시 삼성전자는 PC용 제품 비중을 낮추기 시작한 터라 다른 업체들에 비해 수혜가 적었지만, 스마트폰 시장이 팽창하고 있었기 때문에 모바일용 D램 시장에서 견고한 성장세를 이어가고 있었다.

당시 PC용 D램 시장의 매출 상승에 대해서는 의견이 분분했지만, 당시 SK하이닉스가 분기마다 역대 최고 분기 실적 기록을 갈아치우고 있었기에 상승장에 대한 기대감이 높았던 것은 사실이다. 하지만 시장조사 기관들은 연달아 '내년 이후에는 수요가 예전 같지 못할 것'이라는 비관적인 전망을 내놨고, 결국 해가 바뀌면서 어느 순간 이 예측이 맞아떨어졌다. 해마다 똑같은 전망을 내놓았기 때문에 과연 적중한 전망이라고 할 수 있을지 다소 의문이지만, 어쨌든 고점을 지나 하락세로 접어들던 게 2016년 즈음의 상황이었다.

올 플래시, 낸드 수요의 폭증을 불러오다

상황이 반전된 것은 2016년 후반기부터다. 2017년에 들어선 후 전 세계의 메모리 반도체 시장이 폭발적으로 증가했다. 시작은 낸드 플래시였다. 낸드는 모바일에서는 eMMC

라는 형태로, PC나 서버에서는 SSD라는 형태로 하드디스크(HDD)를 대신하는 기기 안의 저장 공간으로 사용된다. HDD보다 처리 속도도 빠르고 물리적인 크기가 절대적으로 작기 때문에 주목을 받았다. 그동안은 HDD보다 비쌌기 때문에 도입이 제한적이었지만, 기술의 발전과 양산에 따른 생산비 절감으로 가격이 낮아져 어느새 HDD를 전면적으로 대체하기 시작했다.

이런 상황에서 서버 수요도 동시에 늘어났다. 시장조사 기관인 가트너에 따르면, 2017년 3분기 글로벌 서버 시장의 매출 규모는 전년 동기에 비해 16% 증가했다. 제프리 휴잇 가트너 수석 연구원은 보고서에서 "클라우드와 하이브리드 클라우드 구현을 위한 인프라스트럭처 구축이 이 기간 서버 시장의 주요 성장 요인"이라고 설명했다.

전문가의 의견에서 볼 수 있듯, 서버 수요는 클라우드를 중심으로 확장되고 있다. 여기에 소셜 미디어(SNS), 사물 인터넷(IoT), 모바일과 스트리밍의 발달은 서버에 대한 수요를 폭증시켰고, 이는 서버용 SSD에 대한 수요 급증으로 이어졌다. 이른바 FAANG(페이스북, 애플, 아마존, 넷플릭스, 구글)으로 대표되는 4차 산업혁명의 흐름에 가장 확실하게 올라탄 셈이다.

메모리(낸드) 수요가 폭증한 데에는 '올 플래시^{All Flash}'라는 새로운 추세가 나타난 점도 주효했다. 서버는 PC나 모바일 기기와는 비교도 할 수 없을 정도로 처리 용량이 크고, 더 높은 성능을 안정적으로 구현해야 하는 만큼 단가도 한층 비싸다. 과거에는 서버 수요가 제한적이었지만, 모바일과 사물 인터넷의 확산은 데이터의 증가 속도를 배가시켰고, 덩달아 서버 수요도 급증했다(이런 흐름을 재빨리 파악한 게 바로 인텔이다. 인텔은 PC 시장의 강자라는 타이틀을 뒤로하고 서버용 제품과 5G 이동통신 등 데이터 센터 관련 사업을 회사의 중심 사업으로 설정하고 전략을 전면 수정했다. 이를 주도한 인물이 현재 인텔 CEO를 맡고 있는 브라이언 크르자니크이다).

이런 서버에는 전용 스토리지(저장 장치)가 필요하다. 서버 자체에 저장 공간을 두는 데에는 제약이 있으므로, 서버를 보조하는 외장형 저장 장치를 두는 것이다. 이 시장은 원래 많은 용량을 가능한 한 낮은 가격으로 제공해야 하는 특성상 HDD가 대세였는데, SSD가 빠른 속도와 낮아진 가격으로 점차 HDD를 대체하기 시작했다. 그런데 이 가격을 낮추는 데 가장 앞선 주자가 바로 삼성전자였다. 삼성전자의 두 가지 강점은 '적층'과 '쓰기 밀도'에 있다.

삼성전자는 '3차원(3D) 수직 적층' 낸드 분야에서 압도적

1위를 차지하고 있다. 요즘 유행하는 말로 '넘사벽'이라 할 수 있다.

3D 적층은 말 그대로 칩을 수직으로 쌓는 것인데, 기존 단층 제품과 비교해 이해하기 쉽게 설명하자면 '아파트'와 '단독주택'의 차이라고 할 수 있다. 같은 면적 안에 1층 단독주택만 짓는 것과 수십 층 아파트를 짓는 것을 비교하면, 당연히 아파트를 지을 때 같은 토지 안에 더 많은 인구를 수용할 수 있다. 낸드 역시 마찬가지다. 수직으로 더 많이 쌓아올릴수록 용량은 더 늘어난다(간혹 나는 여러 층을 쌓아올리면 반도체 두께가 너무 늘어나 공간 제약이 심해지지 않느냐는 질문을 받곤 한다. 하지만 여기서 쌓아올리는 층의 두께는 사람의 눈으로 볼 수 없는 수준이다. 수십, 수백 층을 쌓아도 사람의 눈으로는 그 차이를 알아챌 수 없다).

양산 가능한 제품을 기준으로 볼 때 삼성전자는 2017년 12월 현재 3세대 64단 적층 기술을 확보하고 있다. SK하이닉스가 72단, 웨스턴디지털이 96단 기술을 개발했다는 발표는 단지 '개발을 완료했다'는 것으로, 실제 양산으로 이어지기 위해서는 다시 여러 테스트를 거치고 마케팅 활동도 병행되어야 한다. 삼성전자는 실제 양산을 시작한 후에 발표한 것이기 때문에, 결코 뒤처져 있다고 볼 수 없다.

쓰기 밀도는 3D 적층에서 아주 중요한 부분이다. 삼성전자는 다른 제조사보다 훨씬 빨리 TLC(Tripple Level Cell) 기술을 안정화했다. 그것은 낸드 메모리를 구성하는 하나의 셀Cell 안에 몇 비트bit 용량을 집어넣을 수 있느냐를 가르는 기술로, 더 많은 비트를 기록할수록 단가는 낮아지는 대신 데이터 보관의 안정성에 부정적인 영향을 미친다. 이를 얼마나 최소화해 상용화 수준까지 맞추느냐가 기술력의 차이를 가르는 관건인데, 삼성전자는 가장 먼저 이 문제를 해결하며 초기 시장을 완전히 점령했다. 다른 제조사는 여전히 한 셀 안에 2비트만 기록 가능한 MLC(Multi Level Cell) 위주로 영업을 하며, TLC 시장의 틈새를 조금씩 비집고 들어오는 상황이다.

서버용 제품 외에도 스마트폰 시장의 꾸준한 성장에 따른 모바일 D램의 용량 확대, PC용 제품의 여전한 기본 수요량이 더해지면서 낸드는 융·복합 기반의 '4차 산업혁명' 관련 수혜를 톡톡히 누리고 있다.

D램의 역습

4차 산업혁명의 수혜는 D램으로도 이어졌다. 낸드는 저장 공간의 특성을 갖기 때문에 특정 기기에만 들어가는 데 비해, D램은 IoT로 연결 가능한 모든 제품에 필요했다. 즉 각 연산 작업이 필요한 디지털 제품의 특성상 반드시 있어야 하는 요소였기 때문이다.

D램 시장은 사실상 삼성전자가 전체 흐름을 쥐락펴락하는 수준이다. 심지어 삼성전자가 나머지 두 업체(SK하이닉스, 마이크론)를 '살려둔다'는 말이 나올 정도다. 이들을 살려두는 이유는 첫째로 어느 정도 경쟁이 있어야 산업 생태계가 유지되기 때문이고, 둘째로 미국의 강력한 독과점 금지 법률 때문이다. 이런 이유로 SK에 인수되기 이전의 하이닉스반도체가 생존할 수 있었다는 평가도 공공연히 나왔다.

다시 자세히 들여다보자. 첫 번째 이유는 다시 두 가지로 나눠볼 수 있다. 우선 장비나 소재, 후공정 등 협력 업체의 생존 문제다. 삼성전자가 독점할 경우, 모든 업체는 삼성전자만 바라볼 수밖에 없다. 만일 삼성전자가 흔들릴 경우 산업 생태계 전체가 무너질 수 있다. 지난해와 올 상반기 국내 조선업계가 어려움을 겪자 부산-경남 지역의 조선 기자재 업체들이 동시에 위기에 처했던 것을 떠올려보면 이해하기 쉬울 것이다.

또 하나는 바로 중국을 비롯한 다른 국가 업체의 진입에 대응하기 용이하다는 점이다. 이 점은 뒤에서 다시 자세히 살펴보자.

두 번째 이유를 보자. 미국의 반독점 관련 법안은 매우 강력하다. 어떤 특정 기업이 시장을 독과점해서 소비자의 권익을 심각히 침해하는 경우 천문학적인 과징금이 부과되고 기업이 강제로 분할될 수도 있다. 삼성전자는 미국에 직접 반도체 관련 법인을 두고 있기 때문에(파운드리 담당 S1 생산 라인과 R&D 센터 등) 천문학적인 과징금을 물 수도 있다. 이런 이유로 과거 마이크로소프트 역시 심사를 받았고, AMD가 위기에 처했을 때 인텔이 AMD를 완전히 누르지 못한 것도 그래서였다.

이런 상황에서 삼성전자는 40%대 중반 안팎의 점유율을 이어가며 계속 줄타기를 하고 있었다. 그런 가운데 D램 수요의 폭증은 삼성전자에 엄청난 수익을 안겨다주었다. 2017년 3분기 DS 부문의 매출 20조 원, 영업이익 10조 원(영업이익률 50%)이라는 대기록은 이런 흐름에서 탄생했다.

그렇다면 슈퍼 사이클은 언제까지 이어질 것인가?

다시 슈퍼 사이클의 지속 여부에 관한 이야기를 해보자.

과연 2018년을 끝으로 반도체 수요는 다시 줄어들까?

시장조사 기관인 IHS마킷은 세계 메모리 반도체 시장의 규모가 2017년 1,238억 5,000만 달러에서 2018년 1,321억 6,500만 달러로 성장할 거라고 예상하며, 2019년에는 1,205억 5,000만 달러, 2020년에는 1,176억 7,000만 달러로 점차 꺾일 것으로 전망했다.

대체적으로 이런 흐름에 대해 딱히 반박하는 보고서는 없다. 어쨌든 이전 시기보다 성장을 추구하는 자본시장의 특성상 모건스탠리처럼 신중을 기하는 것도 나쁠 건 없다.

그러나 간과하지 말아야 할 점이 있다. 바로 삼성의 '기술력'과 '실행력'이다.

이미 거래선들은 삼성전자의 메모리 제품을 압도적으로 선호한다. 여전히 조립 PC 시장에서는 '삼성 D램'을 썼다는 점이 차별화 요소로 작용하고, 앞서 소개한 올플래시 시장에서도 삼성 낸드의 지배력은 확고하다. 반도체 업계 관계자들도 "누가 도시바나 다른 업체의 3D 낸드를 썼다는 이야기를 들은 바가 없다"고 입을 모아 말한다.

앞에서 말했지만, 메모리 반도체에 대한 수요는 이미 2014년 이후 한 차례 꺾였다가 다시 반등해 현재의 호황으로 이어졌다. IHS마킷의 보고서도 2021년에는 1,220억

2,500만 달러로 다시 반등할 것으로 전망하는 데 주목할 필요가 있다.

중국 정부와 기업들이 메모리 시장에 뛰어들려는 이유도 바로 여기에 있다. 시장의 호황은 계속될 것이기에, 당장은 기술 난이도가 낮은 구형 제품부터 시작하면 초기 손실을 최소화하며 시장에서 어느 정도 신뢰를 쌓을 수 있을 거라고 판단하는 것이다.

물론 삼성전자는 공급량을 늘려 가격을 낮추는 '치킨게임'을 준비하고 있다. 삼성전자는 평택과 화성의 낸드 생산라인을 D램용으로 전환하고 있는데, 시장조사 기관 트렌드포스는 "SK하이닉스와 마이크론도 이런 흐름에 동참할 것"이라고 예상했다. 대장의 움직임에 따라갈 수밖에 없는 구조이기 때문이다. 따라서 최소 1~2년 정도는 중국의 본격적인 시장 진입을 크게 걱정하지 않아도 될 것이다.

다만 2018년 9월 D램 익스체인지DRAMeXchange가 발표한 보고서는 다소 주목할 필요가 있다. 보고서는 낸드와 D램 모두 하반기부터 공급 대비 수요 초과 폭이 완화되며 가격이 보합 내지는 하락할 수 있다고 지적했는데, 거래 정보를 제공하는 D램 익스체인지 입장에서는 달가울 리 없는 소식이라는 점에서 그만큼 상황을 엄중하게 보고 있다는 근거

2019년 하반기에 완공될 예정인 삼성전자 화성 캠퍼스 EUV(극자외선) 라인. 삼성은 공격적인 투자와 앞선 기술력으로 7나노 EUV 공정 양산에 박차를 가할 계획이다(이미지 제공=삼성전자).

로 볼 수 있다.

물론 삼성전자 등 제조사가 공급 물량을 줄여서 가격을 어느 정도 수준으로 유지할 수는 있겠지만, 수요 자체의 감소는 매출과 영업이익의 감소를 불러올 수 있다. 삼성전자가 한동안은 쉽게 고점을 갱신하기가 쉽지 않을 전망이다.

추가로 더 살펴볼 것은 바로 '인메모리In-memory' 컴퓨팅의 확산이다. 아직 일반인들에게는 다소 생소하지만, 컴퓨팅 기술은 점차 메모리 내에서 모든 데이터와 연산을 처리하는 형태가 자리를 잡아가는 추세다. 이는 특히 실시간으로 수집한 방대한 양의 데이터를 다시 실시간으로 처리해 결과를 도출하는 빅데이터 환경에서는 필수적이다.

첨언하자면 이 인메모리 컴퓨팅의 시초가 되는 기술을 처음 개발한 인물은 한국인(차상균 서울대 교수)이다. 차 교수 연구팀은 이 기술을 개발한 직후 국내 대기업 여러 곳(삼성전자도 포함된 걸로 알려져 있다)에 이에 대한 투자나 구매 의사를 물었지만, 돌아온 것은 '현실성이 부족하지 않나'라는 의문뿐이었다. 결국 이 기술은 독일의 소프트웨어 대기업 SAP의 눈에 띄어 인수되었고, 삼성전자는 2016년 10월 SAP와 인메모리 컴퓨팅에 대한 협업을 위해 '전략적 협력' 관계를 맺는다.

물론 새로운 방식의 기술을 실제로 기업이 사업화하는 데는 꽤 복잡한 과정이 필요하고, 비용이 너무 많이 든다고 생각하면 얼마든지 거절할 수 있다. 하지만 국내 대기업들의 능력이 과연 SAP보다 못했을까를 생각해보면, 크게 아쉬움이 남는 부분이기도 하다.

삼성의 또 다른 자랑, 시스템LSI와 파운드리

'비非메모리'라는 명칭은 한국 언론에서만 사용하는 아주 특이한 단어다. 국내 반도체 업계가 대부분 메모리 분야에 치중해 있다보니 생긴 표현이다. 삼성전자는 메모리 분야에서 쌓은 강점을 바탕으로 이 비메모리에 '시스템LSI'라는 이름을 붙였다. 바로 현재 '엑시노스Exynos'로 불리는 애플리케이션 프로세서(AP)의 역사가 시작된 순간이었다.

'애플리케이션'이라는 말은 대중들에게 스마트폰의 소프트웨어로 인식되지만, 사실 하드웨어와 소프트웨어를 통틀어 다양한 응용형 결과물을 의미한다. 운영체제(OS)나 펌웨어처럼 기초 소프트웨어가 아닌 응용 프로그램을 의미하는 데서 바로 앱 혹은 어플이라는 말이 유래한 것이다. 이 앱 혹은 어플이 스마트폰이라는 애플리케이션을 구동시켜주는 프로세서(CPU)다.

이 분야는 인텔과 AMD 등 기존 CPU 분야의 강자들이 무너진 가운데 퀄컴이 사실상 휩쓸던 시장이다. 삼성전자도 2010년 처음 선보인 갤럭시S에는 주로 퀄컴 칩을 썼다. 하지만 2011년 엑시노스를 처음 선보인 이후 점차 비중을 늘려가며 경쟁력을 입증했다. 그러다 2015년 퀄컴의 스냅드래곤 810 칩이 발열 논란에 휩싸이면서 엑시노스는 기회를 맞는다.

당시 스냅드래곤 810은 출시를 앞두고 '발열이 너무 심해 기기에 문제를 일으킨다'는 이야기가 많았다. 퀄컴은 여러 차례 언론을 대상으로 사실이 아니라고 강조했지만, 결국 시제품 테스트 과정에서 삼성전자와 LG전자는 채택을 포기한다. 중국 샤오미와 대만 HTC의 경우에는 스냅드래곤 810을 채택했다가 추후 기기에 말썽이 생겨 곤욕을 치렀다. 삼성전자는 이때 출시한 갤럭시S6와 처음 곡면 디스플레이를 적용한 갤럭시S6 엣지 전체에 엑시노스 칩만을 탑재한다. 스스로 전체 물량을 모두 맞출 수 있다는 자신감을 보인 것이다(한편 LG전자는 퀄컴의 하위 제품인 스냅드래곤 808을 채택했고, 이후 자체 AP '뉴클런'을 선보이는 등 자체 제품에 대한 연구 개발을 진행하다 결국 포기한다).

이때 시스템LSI 사업부를 이끌던 인물이 바로 새롭게 DS 부문장을 맡은 김기남 사장(현재 삼성전자 부회장)이다. 메모리에서 시작해 디스플레이를 거쳐 이어진 그의 성공 신화에 방점이 찍히는 순간이었다.

또 다른 측면에서는 앞서 2013년 갤럭시S4에서 엑시노스 칩이 발열이 심하다는 지적에 따라 사태 진화에 애를 먹

김기남 삼성전자 부회장. 김 부회장은 2018년 삼성전자가 거둔 반도체 사업의 사상 최대 실적을 이끈 공로를 인정받아 삼성 임원 정기 인사에서 유일하게 부회장으로 승진했다(사진 제공=삼성전자).

었던 점을 멋지게 뒤집었다는 점에서도 의미가 있는 사건이었다. 멋진 역전타를 친 셈이었다.

삼성전자는 이제 단말기 내에서 자체적으로 AI를 구현하는 '온디바이스AI On-Device AI' 시대에 맞춰 새로운 엑시노스 프로세서를 2019년부터 선보일 계획이다. 2018년형 제품들에도 머신러닝(기계 학습)에 필요한 '인공 신경망' 기술이 적용되어 있긴 하지만, 고차원적인 AI 연산 작업 지원은 더 큰 보완이 필요하다.

좀 더 긍정적으로 설명하자면, 삼성전자는 현재에도 경쟁에서 앞선 편인 동시에 더욱 발전할 여지가 상당하다.

엑시노스 제품군에서는 AP 외에 통신 모뎀 칩도 중요한 축을 차지한다. 네트워크 기지국 장비와 스마트폰 단말기, 모뎀 칩을 모두 다루는 몇 안 되는 사업자인 삼성전자의 수직 계열화의 장점이 강하게 나타나는 분야다. 삼성전자는 LTE의 진화는 물론 5G까지 최신 무선통신 트렌드에 대한 주도권을 놓지 않고 있다.

'2의 전략' 꾀하는 파운드리 사업

파운드리Foundry는 한국어로 표현하면 '반도체 수탁(혹은 위탁) 생산'이라고 할 수 있다. 이제는 언론이나 각종 자료를 통해 자주 접하는 단어이지만, 사실 불과 몇 년 전만 해도 꽤 생소한 단어였다.

이 개념을 만든 곳이 바로 현재 업계 1위인 대만의 TSMC다. TSMC는 'Taiwan Semiconductor Manufacturing Company Limited'의 약자인데, 반도체를 비롯한 대만의 전체 전자 생태계를 의미하는 단어이기도 하다. TSMC의 창업자 모리스 챙Moris Chang은 미국 유학 중 파운드리 사업에 대한 아이디어를 갖고 대만으로 돌아가 정부의 지원을 이끌어내며 대만을 먹여 살릴 새로운 산업 생태계를 만들어냈다.

TSMC가 주목한 포인트는 무엇이었을까. 원래 반도체 산업은 크게 칩을 '설계'하고 이를 '생산'하는 두 가지로 나눌 수 있는데, 설계는 고도의 기술력과 이를 뒷받침하는 인력이 필요한 '노동집약적' 성격이, 생산은 대규모 설비를 갖추는 자본이 중요한 '자본집약적' 성격이 강하다.

설계의 경우 뛰어난 인재가 어느 정도의 장비와 도구만 있으면 제품을 개발할 수 있다.

문제는 이를 생산할 설비가 너무 비싸다는 점이다. 삼성전자나 SK하이닉스, 인텔 등 세계 주요 반도체 생산 업체들이 종종 조 단위 투자 계획을 발표하는 것만 봐도 미뤄 짐작 가능하다.

챙은 여기에 착안했다. 전용 공장(Fab)에서 설계 도면대로 생산을 대행해주는 사업 구조를 고안한 것이다. '위탁 생산'이란 말이 마치 단순한 작업만 수행하는 것 같지만, 나노미터 수준의 미세한 공정을 운영하기 위해서는 고도의 기술력이 필요하다. TSMC는 이를 가장 먼저 시작해 대만을 필두로 미국, 한국, 일본, 유럽, 중국 등 세계 각지의 '팹리스Fabless(공장이 없는 설계 전문 업체라는 의미)' 업체를 상대로 영업을 해 '대박'을 쳤다.

이후 동부하이텍(현재 DB하이텍), 대만의 UMC, 중국의 SMIC, 미국의 글로벌파운드리 등 파운드리 전문 업체가 생겨났다. 다만 이들은 TSMC와 달리 고난이도 제품이 아닌 비교적 난이도가 낮은 제품 생산에 주력했기에 TSMC를 위협할 존재는 보이지 않았다.

오히려 변수로 등장한 것은 바로 삼성전자와 인텔 같은 종합 반도체 제조사Integrated Device Manufacturer(IDM)들이었다. 이들 업체는 미세 공정에서 고난이도 기술을 보유한 동시에 설비도 상당 부분 갖추고 있다. 유휴 설비에 약간의 튜닝(조정) 작업만 가하면 파운드리 사업이 가능해지는 것이다. 특히 삼성전자는 이미 AP 자체 생산에서 자신감을 꽤 얻은 상황이었다. AP에서 주로 사용하는 ARM 코어 기반 생산 칩이 파운드리 시장의 주를 이루는데, 삼성전자는 이미 ARM 기반 생산이 가능했다. 그에 비해 인텔은 별도의 준비가 필요했다. 게다가 상징적으로도, 기존(x86) 코어 방식의 맹주인 인텔이 ARM 기반 공정을 운영한다는 건 모양새가 좋지 않았다. 그렇게 삼성전자는 파운드리 시장의 새로운 '라이징 스타'가 됐다.

2016년 말 기준으로 세계 파운드리 시장 점유율(매출 기준) 현황을 살펴보자. TSMC가 50.6%로 1위를 차지한 가운데 글로벌파운드리 9.6%, UMC 8.1%, 삼성전자 7.9%, SMIC 4.9%순이다. 삼성전자의 경우 대형 고객사 한두 곳의 물량을 추가로 넘겨받아도 순식간에 점유율을 현재의 두 배로 끌어올려 두 자릿수 점유율로 2위 자리에 오를 수 있고, 실제로 정은승 사장을 비롯한 수뇌부는 그에 대한 자신감을 여러 차례 내비쳐왔다. 삼성전자가 2017년 5월 조직 개편을 통해 파운드리 사업부를 시스템LSI 사업부에서 떼어내 독립 부서로 만든 것도, 수장인 정은승 사업부장을 연말에 사장으로 승진시킨 것도 이런 가능성과 성과를 모두 긍정적으로 평가했기 때문이다. 그리고 2018년, 추가 고객사 확보로 점유율 두 자릿수를 달성하면서 2019년에는 2위 달성이 무난할 것으로 전망되고 있다.

현재 삼성전자 파운드리의 주요 고객사는 퀄컴과 엔비디아, NXP반도체 등이다. 퀄컴과 엔비디아는 주로 프로세서를 발주한다. 퀄컴은 아예 10나노대 공정으로 제작된 서버용 프로세서까지 주문을 넣었고, 모바일용 AP는 8나노를 이용하고 있는 충실한 고객사다. NXP반도체는 최근

eMRAM이라는 차세대 반도체를 조기에 인도받으면서 큰 만족감을 나타냈다는 후문이다(공교롭게도 퀄컴은 NXP 인수를 추진해 성사 직전 단계까지 갔으나 미국과 중국 간 무역 분쟁으로 인해 결국 포기해야 했다).

때때로 반도체 시장의 '슈퍼 사이클'이 끝난 것 아니냐는 우려가 고개를 든다. 삼성전자의 2018년 4분기 실적 감소에 따른 어닝쇼크는 이런 위기론을 더욱 부추긴다.

하지만 더 큰 시장 기회가 기다리고 있다. IoT 시장은 계속 커지고, 5G 확산과 4차 산업혁명의 융·복합은 반도체 수요를 계속 늘려나갈 것이다.

슈퍼 사이클은 결코 쉽게 끝나지 않는다.

삼성전자 사업부 조직 · 사장단

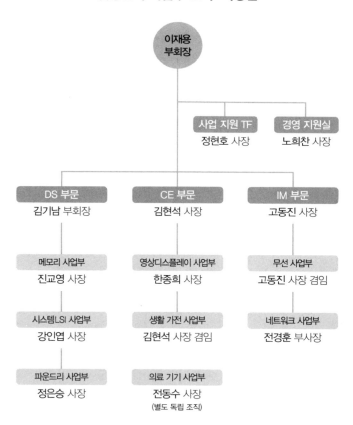

이재용 부회장

사업 지원 TF
정현호 사장

경영 지원실
노희찬 사장

DS 부문
김기남 부회장

CE 부문
김현석 사장

IM 부문
고동진 사장

메모리 사업부
진교영 사장

영상디스플레이 사업부
한종희 사장

무선 사업부
고동진 사장 겸임

시스템LSI 사업부
강인엽 사장

생활 가전 사업부
김현석 사장 겸임

네트워크 사업부
전경훈 부사장

파운드리 사업부
정은승 사장

의료 기기 사업부
전동수 사장
(별도 독립 조직)

SK하이닉스, 도시바 낸드 인수로 어깨 좀 펴나

삼성전자는 기본적으로 기술력이 부족한 업체가 시장에서 수익을 올리는 것을 매우 못마땅해한다. 기술력이 있는 상대라면 존중하지만, 그렇지 못한 업체가 수익을 지나치게 올리는 것은 시장 질서에 맞지 않는다는 나름대로의 '자부심'의 발로인 셈이다.

그런 의미에서 SK하이닉스의 도시바 낸드 사업부 인수 추진은 꽤 주목할 포인트라 할 수 있다. 그동안 SK하이닉스는 기술력으로 삼성전자의 상대가 되지 못했다. D램은 물론이고, 낸드에서는 아예 후발 주자로 4, 5위권에 머물렀다. 두 시장 모두에서 압도적 1위를 달리는 삼성전자 입장에서 SK하이닉스는 크게 신경 쓰이지 않는 존재였다.

그런데 낸드 시장에서 변화가 생겼다. 먼저 2017년 SK하이닉스는 기술적으로 72단 3D 적층으로 직행하며 삼성전자의 심기를 건드렸다. 당시 삼성전자는 64단 제품을 먼저 양산하면서, 4세대인 96단 적층 기술 개발에 착수했다. SK하이닉스는 64단 부문의 직접 경쟁으로는 영영 후발 주자에서 벗어나기 어렵다는 판단을 내리고, 72단 적층 직행 카드를 꺼냈다. 삼성전자보다 앞선 듯한 느낌을 시장에 줄 수 있는 방안이다. 아니나 다를까, 바로 웨스턴디지털이 96단 테스트 소식을 내놓으면서 이른바 '물타기'에 성공했다.

여기에 이어진 것이 바로 도시바 낸드 사업 인수다.

도시바는 낸드 기술을 맨 처음 개발한 '원조'라 할 수 있다. 나름대로 기술력도 상당하고, 시장점유율도 2위다. 다만 대규모 설비투자가 필요한 사업의 특성상, 부담을 줄이기 위해 미국 샌디스크와 합작 투자를 통해 생산 라인을 공동 운영해왔다.

물론 이 합작 관계 때문에 도시바가 자신들의 회계 부정 스캔들로 인한 여파를 해소하기 위해 낸드 사업을 매각하려 할 때 애를 먹기는 했지만, 또한 이 관계 덕분에 그동안 경쟁력을 유지해오는 데 큰 도움을 받았음은 부인할 수 없다.

결국 SK하이닉스는 이 난관을 뚫고 컨소시엄의 멤버로서 인수를 주도했고, 폭 넓은 제휴와 협업 기회를 얻었다. 경영권 확보와 관계없이, 이제는 기술력 승부가 가능해진 것이다. SK하이닉스가 창사 이래 처음으로 삼성전자의 아성에 도전할 수 있는 계기가 될 수 있을지 시장도 주목하고 있다.

중국 반도체 산업의 경쟁력은?

중국은 이미 센서처럼 비교적 단순한 반도체 제품군에서는 수준 높은 역량을 보이고 있다. 이미 2000년에 파운드리 업체인 SMIC가 창업했고, 그 이전에도 대만이나 일본 등에서 기술을 배워와 제품을 내놓고 있었다.

그러던 어느 날 중국은 메모리 반도체 산업 유치에 나선다. 처음에는 삼성전자나 SK하이닉스 같은 한국 기업의 공장 유치에 나섰다. 물론 기술 이전 이야기는 없이 단지 현지 투자를 통해 경제 부흥을 이루

려는 목적에서 진행됐고, 현재까지 기술 유출 사례는 없다. 삼성전자는 2012년 시안에 3D V낸드 공장 건설을 시작해 2014년부터 생산 라인을 가동했다. SK하이닉스는 하이닉스반도체 시절이던 2004년 우시에 D램 공장을 설립했고, 점차 확장하다 파운드리 공장도 추가로 건립하기로 했다. 파운드리 공장의 가동 시기는 2020년(예정)이다.

중국은 '칭화유니'를 앞세워 메모리 사업에 대한 도전을 시작했다. 2015년 중국의 반도체 기업인 칭화유니그룹은 미국의 메모리 반도체 제조사인 마이크론 테크놀로지의 인수를 추진한다. 당시 마이크론의 경영 위기론이 제기되면서 매각이 논의됐는데, 이때 중국계 자본으로는 처음으로 메모리 사업 진출 타진을 공식화한 것이다. 물론 미국 정부가 기술 유출 가능성을 이유로 매각을 거부했고, 마이크론은 얼마 지나지 않아 '슈퍼 사이클'의 흐름을 타고 실적이 개선되며 매각 계획을 철회한다. 얼마 후, 칭화유니그룹은 낸드 제조사인 샌디스크의 인수를 추진한다. 하지만 이 역시 미국 업체인 웨스턴디지털에 밀려 뜻을 이루지 못했다.

그러자 칭화유니그룹은 아예 독자 기술 개발에 나선다. 2016년에는 국영 자본인 XMC의 지분을 인수하며 덩치를 키웠고, 나아가 총 40조 원가량의 투자 계획을 밝힌다. 대만 〈디지타임스〉와의 인터뷰에서는 아예 18나노 공정의 D램 설계-제조 기술을 직접 개발하겠다고 밝혔다. 양산 예정 시기는 2018년 하반기였으나 미뤄졌다.

업계에서는 칭화유니그룹이 20나노 이상 구형 제품부터 양산을 시작할 것으로 보고 있다. 이를 통해 우선 공급선(레퍼런스)을 확보한 뒤, 차후 10나노대로 진입을 시도할 것이라고 예상한다. 다만 이 역시 기술 난이도가 높아 쉽지는 않다는 것이 중론이나, 언제 어떻게 진행될지는 누구도 알 수 없다. 전문가들은 향후 3~5년 사이에 결판이 날 것으로 본다.

대만 전자산업의 특징

대만에서는 일찍이 부품 산업이 발달했다. 부품 산업이 발달하다보니 자연히 이를 조립해 완제품을 싸게 만들 수 있는 노하우도 발전했다. 대만 브랜드 제품이 흔히 '가성비'가 좋다는 평가를 받는 것은 바로 이런 점 때문이다.

이런 환경에서 대만 기업들은 자연스레 전 세계 IT 대기업과 다양한 협력 관계를 맺게 됐고, 이를 극대화한 것이 바로 '폭스콘Foxconn'으로 유명한 홍하이정밀공업이다. 홍하이정밀공업은 애플을 비롯해 델, HP 등 미국 업체는 물론 삼보컴퓨터와 같은 아시아 기업들과도 활발히 거래하고 있는데, 이는 바로 대만이 부품 산업의 메카로 발달했기 때문이다. HTC가 급부상한 것도 바로 이런 식으로 구글과 손을 잡으며 유명세를 탄 덕이다.

대만 기업들은 뒤에 TV에 대한 설명에서 언급할 '마이크로LED'라는 기술을 포함해 다양한 차세대 부품 기술을 갖고 있다.

다만 완제품에 대한 마케팅 능력이 다소 떨어진다는 평가를 받는데, 이를 보완해주는 것이 거래 관계에 있는 미국 기업들의 지원이다. 특히 에이수스ASUS와 에이서Acer 등 PC 제조사들은 마케팅 부문에서 인텔로부터 상당한 도움을 받는 대신, 인텔은 기술력이 뛰어나고

안정적인 공급처를 확보하는 등 상부상조가 이뤄지고 있다. 그러다보니 인텔이 힘을 못 쓰는 모바일 분야에서는 이들도 역시 힘이 부족한 면모를 보인다.

대만 전자산업의 이런 특징은 2017년 하반기에 대만 정부가 퀄컴에 내린 조치를 통해서도 확인할 수 있다. 우리나라의 공정거래위원회 격인 경쟁 감시 당국이 퀄컴의 계약 방식을 불공정 행위로 판단하고 1조 원가량의 과징금을 부과하기로 하자, 당황한 대만 산업기술부(MOEA)가 나서서 자국 내 산업 생태계의 붕괴를 우려하는 입장을 밝히기도 했다.

ARM 코어와 x86 코어의 차이

CPU는 하나하나의 '코어Core'로 이뤄져 있다. 코어는 데이터를 처리하는 연산 작업을 담당하는 부분으로, 말 그대로 핵심적인 역할을 한다.

기존 PC나 서버에는 x86 코어가 쓰였다. 과거 CPU를 286, 386, 486 등의 이름으로 부른 것이 바로 2세대, 3세대, 4세대라는 의미였다. 인텔과 AMD가 이 시장을 양분했다. 이후에는 펜티엄이나 코어 i 등 다른 이름을 붙이기 시작했지만, 여전히 기술 방식을 부르는 이름은 x86이다.

x86의 장점은 빠른 처리 속도에 있다. 수많은 데이터를 동시에 처리할 수 있으면서도 전력 소모에 크게 신경 쓰지 않아도 되는 PC나 서버에 적합한 것이 바로 x86 코어다.

그에 비해 ARM 코어는 철저히 '저전력'에 주목한다. 전력 소모량이 적은 대신, 처리 속도는 x86에 비해 느리다. 자연히 단순 작업만 처리하는 산업용 기기나 휴대전화 같은 모바일 기기에 주로 사용됐다. 이런 코어의 원천 기술을 만든 게 바로 ARM이라는 영국 회사였고, 그래서 ARM 코어라는 이름이 붙었다.

분위기가 반전된 것은 역시나 스마트폰의 고사양화가 이뤄진 2014년이다. 2013년까지 스마트폰의 성능은 32비트에서 이뤄졌다. PC나 서버는 64비트로 구동되는데, 둘의 차이는 도로의 너비를 생각하면 이해하기 쉽다. 그런데 2014년을 기점으로 스마트폰에서도 64비트 시대가 열린다. 비결은 바로 ARM 코어의 발전이다.

스마트폰 시장이 팽창하면서 ARM은 큰 수익을 올렸고, 이에 R&D를 강화해 64비트 성능을 내면서도 전력 소모량은 줄이는 기술을 개발했다. 끊임없이 개선한 결과, 어느 순간부터는 무려 서버에까지 도전할 정도로 ARM 코어의 성능이 높아졌다.

ARM 코어는 이제 서버 시장에 본격 진출하였다. 2017년 11월, 퀄컴은 ARM 코어 기반 서버용 프로세서를 개발해 선보였다. 이를 생산하는 파운드리 파트너가 바로 삼성전자다. 론칭 행사에는 삼성전자는 물론 HP엔터프라이즈, 아마존 등 서버 관련 주요 업체 대표자들이 함께했다. ARM은 현재 그 가치와 가능성을 알아본 손정의 회장의 소프트뱅크에 인수된 상태다. 여러모로 재밌는 판이 펼쳐지고 있다.

갤럭시의 운명

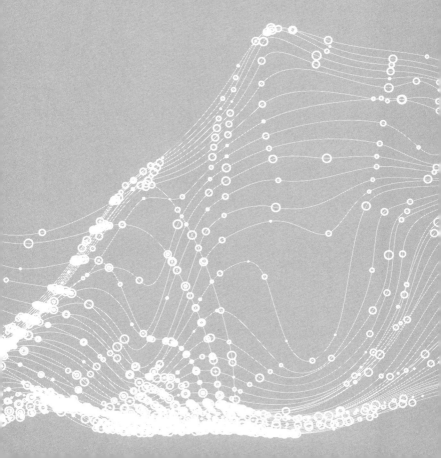

"기내에 계신 여러분께 알려드립니다. (중략) 삼성 갤럭시노트7은 기내 사용이 금지되어 있습니다. 규정 위반 시 불이익이 있을 수 있사오니 전원을 *끄거나*…."

2017년 1월 말 나는 러시아 여행 중 기내에서 이 안내 방송을 듣고 조금 당혹스러웠다. 그동안 말로만 듣던 갤럭시노트7 반입 금지 방송을 실제로 듣는데, 마치 가까운 지인이 공개 망신을 당하는 것마냥 민망했다. 헛웃음이 피식 나왔지만 남들이 듣지 못하게 삼켰다. 모스크바에서 상트페테르부르크로 향하는 그 비행기에 아시아인이라곤 오직 나 하나뿐이었기에, 괜히 눈길을 끌 필요는 없었다.

2016년 가을, 삼성 갤럭시노트7은 전 세계 항공사와 항공 당국을 긴장시켰다. 배터리에서 불이 나는 '발화' 현상에 곧 '폭발'이라는 자극적인 단어가 덧씌워져 갤럭시노트7은 폭발물 취급을 받기에 이른다. 사상 초유의 '특정 휴대전화 기종의 기내 사용 금지' 조치가 내려지면서 삼성의 브랜드 이미지는 큰 타격을 입는다. 삼성전자는 결국 전량 회수를 결정한다. 1995년의 화형식이 오버랩되는 순간이었다.

'애니콜 화형식'과 '갤노트7 전량 회수'

1995년 당시 삼성전자는 애니콜이란 브랜드로 국내 휴대 전화 시장에 진출했지만 고전을 면치 못하고 있었다. 불량률은 10% 이하로 떨어지지 않았고, 소비자들의 불만도 적지 않았다. "내가 이럴 바에 속 편하게 모토롤라를 쓰고 말지!"라는 탄성을 쉽게 들을 수 있던 시기였다.

이건희 회장은 비장한 각오와 쇄신이 필요하다는 판단을 내리고 놀라운 일을 벌인다. 구미 공장에 애니콜을 잔뜩 모아놓고 그 위에 기름을 부은 다음 불을 붙이는 퍼포먼스를 거행한 것이다. 조직은 큰 충격에 휩싸였다. 하지만 이건희 회장의 승부수는 적중했고, 결국 애니콜은 세계 1위 휴대전화 브랜드에 등극한다.

20여 년이 지나 발생한 갤럭시노트7 사태에는 조금 다른 해법이 등장했다. 고동진 당시 무선사업부장(사장)의 지휘 아래 삼성전자는 외부 전문가에게 문제점을 파악하게 하는 동시에 내부에서도 철저한 조사를 진행하고, 이를 다시 외부에 공개했다.

〈MIT테크놀로지리뷰〉에 게재된 삼성전자 백서를 보면, 삼성은 안전성과 내구성 등 8가지 항목에 대한 검사, 핵심 부품의 설계·검증·공정 관리를 전담하는 부품 전문팀 구

2018년 8월 22일 인도 구르가온에서 열린 갤럭시노트9 출시 행사에서 제품을 소개하고 있는 고동진 삼성전자 IM 부문 대표이사(사진 제공=삼성전자).

성, 외부 전문가의 참여 확대 등을 대안으로 마련해 실시하기로 한다. 그리고 절치부심 끝에 2017년 내놓은 갤럭시S8과 갤럭시노트8은 판매량이 과거 성적을 회복하며 다시금 삼성전자와 갤럭시 브랜드의 위상을 높이는 데 기여한다.

2017년 11월 현재 시장조사 업체 IHS마킷이 발표한 바에 따르면, 이해 3분기에 삼성전자가 전 세계에 출하한 스마트폰은 8,340만 대로 23%의 점유율을 차지했다. 2위 애플(4,670만 대, 13%), 3위 화웨이(3,910만 대, 11%) 등과 비교하면 압도적인 차이다. 갤럭시는 그렇게 부활했다.

아이폰 X과 샤오미의 부활

2017년, 애플은 2014년쯤부터 떠돌던 소문을 현실로 가져온다. OLED(유기발광다이오드) 디스플레이를 적용한 '아이폰 X'이 바로 그것이다. 처음에는 '아이폰 엑스'로 불렸지만 이내 '10'을 의미하는 로마자 숫자 X이라는 것이 밝혀져 '아이폰 텐Ten'으로 불리는 바로 그 제품이다.

아이러니하게도 애플이 3년 동안 OLED 패널 도입을 검토만 하며 도입을 미룬 건 바로 삼성과 관련이 있다. 스마트폰에 사용하는 소형 OLED 패널은 2017년 상반기까지만 해도 전 세계에서 유일하게 삼성디스플레이에서만 생산되고 있었다. 하지만 2017년 하반기부터 LG디스플레이와 중국 업체들도 이 패널을 양산하기 시작하자 애플은 드디어 전격적으로 패널 생산에 뛰어들기로 결정한다. 우선 초도 물량은 한정판 성격에 가까운 아이폰 X을 통해 소화하며 번인Burn-in 현상을 비롯한 초기 문제에 대한 피드백을 확보·점검하고, 2018년 이후 나올 제품부터는 보다 완벽한 모델을 개발한다는 복안이었다. 2017년 3분기 현재 애플의 패널 시장점유율은 13%(IHS마킷 기준)로 2위다.

중국의 떠오르는 '강자' 샤오미小米는 어떨까. 2010년 창립된 샤오미는 레이쥔雷軍이란 창업자의 독특한 철학과 아이디어가 자유로운 조직 문화와 맞아떨어지면서 급부상했다. 특허권 침해 같은 논란을 항상 달고 다니지만, 삼성이나 소니와 같은 '종합 전자회사'를 표방하면서 각종 전자제품을 초저가에 내놓으며 저력을 과시하고 있다.

스마트폰 시장에서는 초반의 기세가 잠시 꺾이기도 했으나, 이내 다시 잠재력을 십분 발휘하며 2017년 3분기 현재 시장점유율 8%(IHS마킷 기준)로 5위에 올라 있다. 샤오미는 같은 중국계 업체인 화웨이(11%, 3위)와 오포(9%, 4위)에 근소한 차이로 뒤져 있는데, 이들 세 업체의 점유율을 합치면

28%로 삼성전자를 넘어선다. 6위 비보도 역시 7%라는 적지 않은 점유율을 차지하고 있어 중국 업체의 입지와 위상은 이제 함부로 볼 수 없는 상황에 이르렀다.

중국 업체들은 자국 시장은 물론이고, 인도나 동남아시아, 동유럽 등 신흥 시장을 공략하고 있다. 인도와 동남아에서는 중국산에 대한 인식이 나쁘지 않고, 유럽 등지에서는 흔히 말하는 '가성비 좋은' 제품에 대한 선호도가 높기 때문이다. 즉 중국 업체의 주요 공략 대상은 중저가 시장이다.

하지만 화웨이 등 일부 업체의 노력에도 프리미엄 시장에선 아직 부족한 감이 있다. 다만 이제 스마트폰 시장의 중심축이 점차 중저가로 옮겨가고 있다는 점에서 이들을 주목해야 할 필요는 있다. 여기서 갤럭시의 향후 방향성에 대한 고민이 제기된다.

갤럭시는 어디로 갈 것인가

2017년 3분기 실적 발표 컨퍼런스콜에서도 역시 이에 대한 질문이 제기됐다.

"휴대전화 쪽에서 중저가 비중이 늘었는데, 이익률을 기존 수준으로 유지할 방안은 무엇입니까?"

이에 대한 삼성전자의 답변은 이랬다.

"하이엔드에 적용했던 하드웨어 기술이나 서비스를 중저가로 확대할 계획입니다. 성장 시장 수요에 대응하는 전략을 취할 것입니다. 특히 3분기에 출시한 J 시리즈는 메탈 디자인과 삼성페이, 고해상도 전면 카메라 탑재 등으로 전 세계적으로Globally 호응을 얻었습니다. 앞으로 부품 공용화 등으로 비용 절감을 추진할 계획입니다."

일단 곧이곧대로 들으면, 중저가 비중이 높아지는 건 현실이니 거기에 맞춰 중저가 제품의 성능을 높여가겠다는 말로 들린다. 물론 그 의미도 맞다. 하지만 삼성전자의 진짜 의도는 행간에 숨어 있다. 바로 '하이엔드 시장에서 우리 경쟁력은 비교 불가 우위에 있다'는 자신감이다.

갤럭시노트8 등에 장착한 듀얼 카메라가 대표적이다. 삼성전자는 삼성전기를 비롯한 공급선으로부터 듀얼 카메라 모듈을 조달하는데, 이를 개발하는 작업 자체가 삼성전자와 협력사 간 협업으로 이뤄진다. 즉 약간의 기술만으로는 품질을 따라가기 쉽지 않다는 의미다.

이런 상황은 다른 제조사에서도 역시 찾아볼 수 있다. 애플의 경우 LG이노텍에 자금을 지원해가며 듀얼 카메라 모듈 생산을 맡겼는데, 여기에 들어가는 제품 설계는 모두 애플이 하다시피 했다.

듀얼 카메라의 장점은 3차원(3D) 입체 촬영이 가능하다는 것이다. 사람의 두 눈이 각각 대상을 인식해 얻은 거리 정보를 뇌가 3차원으로 인식하는 원리를 활용하는 방식이다. 일견 쉬워 보이지만, 각각 인식한 데이터가 어떻게 다시 일치하는지를 찾아내고, 이를 다시 대상에 적용해 최적의 결과물을 내놓는 알고리즘은 생각만큼 간단하지 않다. 삼성전자의 자신감은 바로 여기에 있다. 애플 수준의 결과물을 같은 시기에 꾸준히 내놓을 수 있다는 건 분명 엄청난 자산이다. 설령 프리미엄 하이엔드 제품 판매가 다소 주춤해지더라도, 시장 전체를 이끌어가는 리더십은 분명하다는 의미다.

그렇다면 삼성전자의 진짜 고민은 뭘까? 결국 다시 중저가형 제품 이야기로 돌아가야 한다. 소비자들이 중저가형 제품에 대해 갖는 만족감은 점점 높아지고 있다. 고가의 제품이 아니더라도 충분히 필요한 기능을 확보할 수 있기 때문이다.

그건 2018년 3월 출시한 갤럭시S9 초기 판매량에서도 드러난다. 전작 대비 80% 수준을 밑도는 초기 개통량은 프리미엄 스마트폰에 대한 대중의 기대감과 관심이 그만큼 떨어졌다는 걸 의미했다. 시장이 삼성전자에 이에 대한 대안을 요구하고 있는 신호였던 셈이다.

여기에 삼성전자가 내놓을 수 있는 답은 두 가지다. 하나는 사람들의 욕망을 새롭게 자극하는 것이고, 다른 하나는 삼성전자의 수직 계열화 시너지다.

삼성전자의 무선사업 마케팅은 더욱더 세련되면서도 노골적으로 변화할 것이다. 갤럭시S8과 기어 VR로 세계 유수의 광고제에서 7관왕을 수상한 '로켓맨Rocketman' 광고를 보자.

여기에는 타조 한 마리가 우연히 기어 VR을 착용하게 된 후 가상현실 속에서 하늘을 나는 체험을 하는 모습이 나온다. '로켓맨' 노래가 배경음악으로 흘러나오고, 이윽고 타조는 진짜 날아오르기 시작한다. 삼성전자가 궁극적으로 프리미엄 스마트폰으로 소비자의 욕망을 자극하려 한다는 것을 단적으로 보여주는 사례다.

수직 계열화로 발생하는 시너지는 수익성 측면에서 다른 제조사를 상대로 벌이는 '치킨게임'의 기반이 될 수 있다. 알다시피 삼성전자는 D램, 낸드 등 메모리 반도체는 물론 모바일 프로세서(MP)까지 자체 개발, 생산이 가능하다. 더욱이 그 모두가 세계 최고 수준의 품질을 자랑한다. 이를 모두 충족시킬 수 있는 제조사는 세계에서 삼성전자가 유일하다. 다른 경쟁자가 결코 흉내낼 수 없는 부분이다. 반도체를 설명하면서 부품 산업이 발달한 대만의 전자산업 경쟁력을 이야기했는데, 삼성전자는 그 장점에다 완제품 마케팅 능력까지 갖췄다.

삼성은 우선 단기적으로는 고사양을 갖춘 중저가 제품에 주력할 것으로 보인다. 이미 삼성페이, 홍채 인식 등의 고급 기능을 중저가 제품에도 확대 적용하기 시작했고, 여기에 갤럭시A9에는 아예 프리미엄 제품보다 더 높은 수준의 카메라(렌즈 4개)를 탑재하는 등 새로운 시도도 하고 있다.

장기적으로—그래봐야 1~2년 뒤의 일이지만—미래의 휴대전화는 '폴더블Foldable', 즉 '접는' 형태가 될 것이다. 이미 디스플레이 패널 제조사들은 휘어지는 걸 넘어 접을 수 있는 형태의 OLED 패널 신제품을 내놨다. 현재의 기술을 조금만 더 다듬으면 양산도 가능한 수준이다. OLED의 경우 별도 광원이 필요 없어 충분히 이런 모양을 구현할 수 있다.

이 때문에 일각에서는 2018년 하반기에 폴더블 스마트폰이 나올 거란 전망을 내놓기도 했지만, 2019년 이후에나 가능할 것이라는 게 업계의 중론이다. 우선 배터리와 PCB(인쇄 회로 기판) 등 주요 부품이 양산 단계로 가기에는 아직 기술력이 못 따라가고 있고, 그보다도 수요가 얼마나 될지 가늠하기 어렵다는 점에서 신중론이 지배적이다. 상황은 비단 삼성전자뿐 아니라 애플이나 LG전자도 마찬가지다. 다만 다른 대안이 보이지 않아 폴더블폰이 결국에는 등장할 흐름인 건 분명해 보인다.

다른 한편으로 보면, 그런 의미에서 갤럭시의 진짜 경쟁 상대는 같은 스마트폰 시장 내에 있는 것이 아닐지도 모른다. 포화 상태에 다다른 프리미엄 시장, 중저가 시장 등 성숙기에 접어든 시장 자체가 위협 요인이다. 그래서 삼성전자는 2017년 5월 조직 개편 과정에서 유독 '세트 부문'이라는 말을 많이 썼다. 완제품을 의미하는 세트는 그동안 추상적인 의미에서 부품 사업과 비교하기 위한 개념으로만 사용해왔는데, 그때부터 소비자 가전 부문과 묶어서 사용하기 시작했다. 나아가 11월 조직 개편 과정에서는 IM 사업 부문 조직을 다소 축소시키는 모습도 나타났다. 이미 카메라와 PC를 IM 부문 안으로 편입시킨 이후 이제 '포스트 스마트폰Post Smartphone' 시대를 대비하는 모습이다. 그 열쇠가 바로 웨어러블과 VR(가상현실)에 있다.

갤럭시의 뒤를 받쳐주는 '기어' 시리즈

갤럭시가 제아무리 경쟁력이 훌륭하다고 해도, 결국 정체된 스마트폰 시장에서 IM 부문의 지속 가능한 성장을 뒷받침할 수 있는 존재는 '웨어러블Wearable'이다. 스마트워치와 VR 헤드셋은 초반의 우려를 딛고 점차 뜨거운 아이템이 되어가고 있다.

우선 웨어러블 시장의 문을 열어젖힌 스마트워치는 당초 한계점이 분명하다던 전망과 달리 헬스케어와 산업 분야에서 빠르게 확산되고 있다. 2018년 1분기 삼성전자 스마트워치 출하량은 140만 대로 점유율 5.5%를 차지했다(IDC 기준). 지난해 같은 기간에 비해 90% 성장한 수치다. 물론 애플을 비롯해 샤오미, 가민, 핏비트 등이 가격이나 차별성을 내세우며 경쟁하고 있지만, 삼성전자도 꾸준한 실적을 바탕으로 '기어 스포츠' 같은 새로운 모델을 계속 내놓으며 마케팅을 이어가고 있다.

기어 시리즈의 과제는 스마트홈 같은 IoT 분야에서의 확장성에 있을 것이다. 특히 헬스케어 분야 활용이 늘어나야 승산이 있다.

페이스북과의 만남으로 탄생한 기어 VR

앞서 말했듯이 2013년 6월 17일, 페이스북의 창업자이자 CEO인 마크 저커버그는 서울을 방문해 이재용 부회장을 만났다. 오전에 청와대에서 대통령을 만난 저커버그는 점심때쯤 삼성전자 서초 사옥에서 신종균 당시 IM 부문장(사장)을 만나 이재용 부회장의 사무실로 올라간다. 그리고 그들은 무려 10시간가량 무언가를 논의한다. 당시 페이스북이 '페이스북폰'을 선보이려 한다는 소문이 파다했기에 삼성 버전의 페이스북폰 출시 가능성에 대한 이야기가 주류를 이뤘지만, 실상은 그와 전혀 달랐다. 막상 나온 결과물은 'powered by Oculus' 기어 VR이었다.

오큘러스Oculus는 어떤 회사인가. VR 헤드셋 분야에서 급부상한 스타트업으로, 순식간에 기업 가치가 고평가되더니 거액에 페이스북에 인수된 곳이다. 삼성과 페이스북의 만남은 VR 시장의 확산을 촉발하는 계기가 된 것이다. 이들은 이듬해인 2014년 10월에도 반나절가량 밀담을 나누며 사업을 더욱 구체화한다.

페이스북의 동향에 대해 짧게 언급해보자. 페이스북은 방대한 이용자 데이터에 기반해 빅데이터와 AI 활용을 연구하는 동시에, 사용자들이 좀 더 페이스북 안에서 많은 콘텐츠를 생산하고 나눌 수 있도록 새로운 콘텐츠를 계속 연구하고 있다. VR은 후자의 경우에 해당하는 부분이다. 그리고 그에 대한 유력 파트너로 삼성을 선택한 것이다.

기어 VR은 OLED 패널, 최신 갤럭시 스마트폰, 고사양 D램 등 삼성의 다양한 제품을 사용하는 플랫폼이라는 눈에 띄는 특징을 가지고 있다. 삼성전자로서는 기어 VR을 통해 콘텐츠를 제외한 하드웨어 전체를 수직 계열화하면서 VR 생태계에 대한 주도권을 쥘 수 있게 됐다. 현재 다른 업체들이 VR이나 VR과 AR(증강 현실)을 혼합한 MR(혼합 현실) 분야에서 뚜렷한 두각을 보이지 못하고 있어 삼성은 계속 꽃놀이패를 쥐고 있는 형국이다. 최근에는 마이크로소프트도 삼성과 손잡고 MR 헤드셋을 공동 발표했다. 바야흐로, '삼성 천하'다.

물론 혹자는 말한다. VR이란 게 정말 실체가 있는 것이냐고, VR이 당장이라도 확산될 것처럼 떠들던 언론은 다 어디로 갔느냐고. VR은 콘텐츠의 특성상 대용량과 높은 사양을 요구하기 때문에 빠른 속도로 대중화하기는 어려운 기술이다. 하지만 VR의 시대는 이제부터 시작되는 것일지도 모른다. 신흥국에 인터넷 인프라가 빠르게 확산되고, 선진국에

기어 VR. 삼성전자는 기어 VR 출시로 하드웨어 전체를 수직 계열화해 VR 생태계의 주도권을 쥐게 되었다(이미지 제공＝서터스톡).

서 5G 이동통신이 상용화되면 VR의 시대가 본격적으로 펼쳐질지도 모른다. 나아가 현재의 VR로 그치는 것이 아니라 영화처럼 더욱 발전된 형태의 VR 기술이 발달할 여지 또한 있기에 아직 실망하기에는 이르다고 할 수 있다.

이런 노력으로 가까운 미래를 헤쳐나가는 삼성전자이지만, 역시나 고민은 끝이 없다. 2018년 2월 스페인 바르셀로나에서 열린 '모바일 월드 콩그레스(MWC) 2018'의 화두는 '더 이상 디바이스로 인한 혁신은 없다'는 명제였다. 스마트폰도, 웨어러블도, 다른 IoT 디바이스도 이제는 한계에 봉착했다.

결국 IoT를 묶은 서비스가 필요하고, 그래서 삼성전자는 클라우드 업체를 인수했다. 하지만 실제 네트워크를 쥐고 있는 이동통신사들의 마케팅 수단을 따라하기는 쉽지 않다. 어쩌면 그래서 삼성전자가 새로운 판을 벌릴지도 모를 일이다.

빨리 닥쳐온 5G 시대, 삼성의 승부수

5세대(5G) 이동통신은 LTE(800MHz/1.8GHz)보다 훨씬 높은 3.42~3.7GHz/28GHz 주파수 대역을 사용한다. 이로 인해 20배 빠른 초고속, 지연 시간이 1ms로 줄어드는 초초저지연(1ms=1/1000초), 1제곱킬로미터 면적당 100만 개의 사물이 연결되는 '초연결' 구현이 가능하다.

이런 차이점은 자율주행차나 원격의료 등 인간의 생명과 연관된 민감한 분야의 통신 서비스 결합을 가능하게 하고, 나아가 사람뿐 아니라 사물도 통신망에 연결해 데이터를 주고받을 수 있게 해준다.

2018년 12월 1일 세계 최초로 우리나라에서 5G 상용화

전파 발송이 시작됐고, 2019년부터는 이를 지원하는 스마트폰 단말기도 나온다. SK텔레콤, KT, LG유플러스 등 국내 통신 사업자는 물론 미국, 중국, 일본, 심지어 개발도상국에서도 5G 도입을 위한 워크숍이 이어지고 있다.

삼성전자는 5G 시대에 맞는 두 가지 사업군을 IM 부문에 두고 있다. 바로 스마트폰 단말기 제조와 기지국 등 네트워크 장비 사업이다.

스마트폰에는 5G를 지원하는 통신 모뎀 칩을 퀄컴이나 자사의 DS 부문에서 공급받아 적용하면 그만이다. 눈길은 이제 네트워크 사업부로 모인다.

네트워크 사업부는 그간 꾸준하지만 아주 만족스럽지는 않은 흐름을 이어왔다. 국내시장에서는 국산 장비에 대한 수요로 지위가 안정적이지만, 해외에서는 노키아나 에릭손, 화웨이 등과 경쟁하면서 처음에 기대했던 만큼 성장하지 못했다. 그래도 인도를 비롯한 일부 시장에서 꾸준히 실적을 쌓으며 나름대로 기반을 닦아왔다.

그런 공로를 인정받아 김영기 사장은 2010년 12월~2018년 12월까지 8년간 네트워크 사업부장을 맡아 사업을 이끌었고, 2013년 말에는 부사장에서 사장으로 승진하기도 했다. 특히 인도 시장에서 상당한 입지를 쌓으면서, 여기서 시작된 인연으로 2018년 12월 이재용 삼성전자 부회장이 인도 최대 통신 그룹인 릴라이언스Reliance 그룹 무케시 암바니 회장의 딸(이샤 암바니) 결혼식에 참석해 눈길을 끌기도 했다.

이제 네트워크 사업부는 새로운 사업부장으로 전경훈 부사장을 맞이했다. 다른 사업부에서는 대부분 임원진 인사가 제한적으로 이뤄진 상황에서 가장 눈에 띄는 부분이다.

수장을 교체한 가운데 네트워크 사업부 앞에는 성장 목표 달성을 위한 기술 개발의 과제와 함께 해외시장 개척 기회가 기다리고 있다. 그 가운데에는 바로 중국의 강자 '화웨이'가 있다.

화웨이는 이른바 '가성비'가 훌륭하다는 강점이 있다. 1987년 전화 교환기 사업으로 창업한 화웨이는 이후 인터넷과 이동통신 시장의 팽창 속에 빠르게 기술력을 높이며 가성비의 강자로 성장한다. 특히 5G 시대를 앞두고 화웨이가 시장점유율 향상을 위해 빠르게 치고 나가면서 삼성전자를 비롯한 다른 장비 제조사들은 위기감을 느끼기도 했다.

그런 화웨이의 상승세가 위기를 맞은 건 바로 '스파이 논란'이다.

화웨이는 창업 당시부터 중국 정부, 특히 군軍과 관계가

삼성전자의 빅픽처

깊을 것이라는 의심을 받아왔다. 창업자 런정페이任正非가 인민해방군 장교 출신이라는 점부터 중국 정부의 비호와 지원하에 성장했다는 여러 의혹이 제기돼왔기 때문이다. 그동안은 시장점유율이 높지 않아 견제가 덜했지만, LTE 통신 시장부터 장비는 물론 휴대전화 단말기 점유율까지 높아지자 미국을 중심으로 서구권의 견제가 강해졌다.

특히 화웨이 통신 장비를 통해 도청, 감청이 이뤄진다는 의혹이 꾸준히 제기되고, 이 정보가 중국 정부로 흘러 들어간다는 음모론적 결론에 이르면서 미국을 비롯해 호주, 일본 등지에서 화웨이 장비 도입을 제한하는 행정 조치가 이뤄지고 있다.

국내에서도 2013년 말부터 LG유플러스가 화웨이 장비를 도입하면서 우리 정부는 물론 미국 정부에서도 도입 철회를 간접적으로 요청하는 움직임이 감지되는 등 논란이 커지고 있다.

삼성전자로서는 경쟁자인 화웨이에 관한 논란이 기회로 작용한다. 화웨이가 장악하고 있던 시장점유율의 일부를 가져올 수 있는 절호의 기회인 셈이다. 일반적으로 통신 장비는 도입 시 문제 발생에 대비해 두 개 이상의 업체를 선정하는데, 화웨이가 빠지는 자리를 두고 삼성전자 등 다른 업체가 비집고 들어갈 틈이 생기는 것이다. 새로운 사업부장에 오른 전 부사장에게는 새로운 시장의 문을 열고 기회를 잡으라는 과제가 놓였다.

샤오미와 화웨이의 차이

중국 업체 중 삼성전자를 위협할 존재로 가장 많이 꼽히는 두 업체가 바로 샤오미와 화웨이다. 둘 중에서도 일반 대중이나 언론은 샤오미에 더 주목하는 모양새인데, 아무래도 젊은 감각을 더 앞세우며 더 포장을 잘하는 경향이 있기 때문으로 보인다.

내가 보기에도 샤오미는 널리 알려진 대로 외형상으로는 '애플'을 잘 따라하고 있다. 샤오미의 창업자이자 대표인 레이쥔은 애플 창업자 스티브 잡스 특유의 복장을 그대로 따라한 모습으로 발표 석상에 등장하곤 한다.

다만 제품을 보면 애플과는 다소 거리가 있다. 오히려 구글에 가깝다. 샤오미는 우리나라 사람들이 해외 직구를 통해 많이 구매하는 작은 소형 가전을 국내시장에 저렴한 가격으로 많이 선보인 상태다. 물론 특허를 제멋대로 침해하고 다닌다는 오명을 입고 있지만, 그래도 전자 업계에 새로운 모델을 제시한 것은 의미 있는 부분이다. 레이쥔을 비롯한 샤오미 경영진은 늘 "삼성이나 소니처럼 종합 가전 기업이 되는 것이 목표"라고 말하는데, 향후 대형 가전으로 발을 넓힐지, 혹은 지금처럼 색다른 소형 기기에 집중할지 지켜볼 필요가 있다.

이와 달리 화웨이는 기본적으로 통신 장비에 대한 원천 경쟁력을 내세워 시장 확장에 나서는 형태를 취한다. 이미 이동통신 기지국 장비 분야에서 일가견을 가진 화웨이는 삼성전자나 팬택 등 한국 업체는 물론 일본이나 러시아, 인도 등에서도 R&D 인력을 영입하고 공격적으로 조직 운영에 나서는 등 철저히 고급화를 추구한다.

물론 화웨이는 중국 정부와의 연관설을 비롯해(화웨이는 절대적으로 부인하고 있다), 이로 인한 도·감청 논란, 프리미엄 제품치고는 다소 부족한 스마트폰 단말기의 품질, 또 야심차게 진출한 노트북 시장에서의 초라한 성적표 등 여러 악재에 직면해 있다. 하지만 기본적으로 통신 부문의 기술력이 상당하고, 배후에 전 세계의 모든 부품을 공급하는 중국 산업 생태계가 버티고 있기 때문에 결코 무시할 수 없는 주자다.

이 밖에도 레노버, ZTE, 오포 등 잠재력이 큰 다수의 주자들이 중국 내수시장은 물론 해외시장 진출도 확대하면서 삼성전자를 비롯한 국내 업체의 잠재적 위협 대상이 되고 있다. 하지만 역시나 중요한 건 이 점이다. 어쩌면 진짜 경쟁자는 눈에 보이는 이들 경쟁 업체가 아니라 방금 차고나 지하실에 공간을 마련한 천재 개발자들일 거란 점 말이다.

중국 시장을 어찌하리오

중국에서 삼성전자의 스마트폰 시장점유율이 급격히 떨어진 건 2017년 하반기부터다. 계속 낮아지던 시장점유율은 2018년 1분기 0%대로 떨어지기에 이른다.

중국에서 삼성 브랜드가 딱히 저평가되는 것은 아니지만, 스마트폰 시장에서는 애플처럼 고급 제품도 아니고, 그렇다고 현지 브랜드처럼 친숙한 브랜드도 아닌 상황이 되어버렸다. 2분기에도 0%대 굴욕은 이어졌고, 삼성전자는 이 상황을 타개하기 위해 고민을 거듭한다. 단일 국가 기준으로 세계 최대 인구를 보유한 거대 시장을 포기할 수는 없기 때문이다.

이런 상황에서 한 언론은 삼성전자가 아예 중국 현지 파트너에게 ODM(제조업자 개발 생산) 방식으로 위탁하는 방안을 검토한다는 소식까지 보도했다. 이 말인즉슨, 중국 현지 파트너사가 갤럭시 브랜드만 이용한 채 제품 개발을 직접 하고, 생산까지 맡는다는 의미다.

자연히 삼성전자와 갤럭시 브랜드의 신뢰도에 대한 우려가 이어졌다. 다만 후속 보도가 나오지 않았다는 점에서 그 안은 단순히 여러 안 중 한 가지였을 확률이 높아 보인다. 비록 현실화되진 않았으나, 삼성전자가 고민이 깊은 나머지 최악의 상황까지도 상정했다는 분위기를 읽을 수 있다.

현재 이재용 부회장이 보아오포럼 이사 자리를 내려놓은 이후 삼성전자의 대對중국 채널은 활로를 찾지 못하는 것으로 알려졌다. 법적 불확실성을 제거한 새로운 리더십이 과연 어떻게 타개책을 찾을지 지켜봐야 할 관전 포인트인 셈이다.

삼성의 PC 사업은 어디로 흘러갈까

2015년을 전후해 삼성전자가 PC 사업에서 철수한다는 소문이 전자 업계에 파다하게 퍼졌다. 외려 프린터 사업을 HP에 매각하는 결과가 나오긴 했지만, 삼성전자가 중국 레노버와 매각 협상을 진행했다는 정황은 이미 외신 보도를 통해 나온 바 있다.

삼성전자의 PC 사업에 대한 고민과 향후 전개 방향은 카메라(디지털 이미징) 사업부의 사례를 통해 예측해볼 수 있다. 둘 다 IM 부문 아래에 있고, 쇠락의 신호가 오는 시장에서 비슷한 길을 겪고 있기 때문이다. 카메라 사업이 먼저 변화했으니, 이를 추적하면 PC 사업의 미래도 보인다.

2015년 삼성전자는 카메라 사업을 사실상 접다시피 했다. 기존에 생산하던 미러리스 카메라와 콤팩트(일명 똑딱이) 카메라를 단종했다. 업계에서는 삼성전자가 그런대로 잘나가던 사업을 왜 접었는지 궁금해했다. 한국과 유럽 등에서는 삼성 카메라에 대한 선호도가 상당했기 때문이다. 앞서 삼성은 디지털 이미징 사업부장을 베트남 법인 고문으로 발령내고 니콘과 미러리스 부문에 대한 매각 협상을 진행하기도 했었지만, 결과적으로 카메라 사업은 완전히 다른 형태로 변화했다. 바로 가상현실용 액세서리로의 전환이다.

삼성전자는 디지털 이미징 기술을 나눠 한쪽은 스마트폰 카메라 성능 강화에, 다른 한쪽은 '기어360' 카메라를 만드는 데 투입했다. 모바일 분야 콘텐츠 생태계를 겨냥해 360도 촬영 카메라 개발에 투입한 것이다. 스마트폰에서는 듀얼 카메라를 통한 입체 촬영을 비롯해 갤럭시S9의 '이모지' 생성 기능으로 표정이나 감정을 담아 전달하는 사용자 경험을 강화했다.

PC 사업도 역시 이와 비슷한 길을 걸을 것으로 보인다. 매각 시도가 있긴 했지만, 결국 내부에 남겨 모바일 제품과 시너지를 내려는 방향은 동일하다.

다만 카메라가 기존 형태를 완전히 버린 것과 달리, PC는 노트북의 모바일 단말기화를 통해 유기적 결합을 강조할 전망이다. 2018년 내놓은 '삼성 노트북 Pen'이 대표적이다. 노트북에 스타일러스 펜을 결합해, '화면 큰 갤럭시노트'처럼 만들었다는 점에 주목하자.

어차피 PC 시장도 데스크톱은 시장이 줄어들고 있고, 대신 노트북이 태블릿과 경계가 허물어지는 '투인원$^{2\text{-in-}1}$'으로 변화해가고 있기 때문에 이런 흐름은 역시나 자연스럽다고 할 수 있다.

카메라와 PC 모두 삼성전자에게 많은 양의 현금을 꾸준히 가져다준 알짜 사업이었다. 하지만 시장의 쇠락을 빤히 보면서 굳이 운영 비용을 많이 들일 필요가 없다는 것도 맞는 말이다. 여하튼 '삼성 노트북'은 계속 나올 것이다.

4장

마이크로LED와
스마트씽스

2013년 삼성전자와 LG전자는 나란히 OLED TV를 선보인다. 두 회사의 경쟁은 당장 LCD(액정 표시 장치) TV를 대체하고 새로운 시장을 열어젖힌 것처럼 보였다. 적어도 그 당시에는 양사 모두 OLED TV로 모든 라인업을 순식간에 대체할 것 같았다. 삼성이 AMOLED라는 개념을 이용해 '아몰레드'를 만들어서 활용하고 있어, LG는 얼른 이보다 조금 더 큰 개념인 'OLED'를 이용해 '올레드'라는 상표를 등록한다.

당시 막 기자 생활을 시작했던 나는 선배들로부터 삼성 기사에는 아몰레드, LG 기사에는 올레드라고 써야 한다는 점을 귀가 따갑게 들었다. 그만큼 양사의 신경전은 미묘하고도 날카로웠기에 신경 써서 표기해야 했다.

그로부터 4년이 지난 2017년, 삼성전자는 공식적으로 아몰레드 TV나 OLED TV 같은 제품을 포기한 상태다. LG전자만 올레드 TV를 만들고 있을 뿐이다.

여기에는 양사가 채택하는 대형 OLED 기술 방식이 서로 다르다는 점이 작용하는데, 설명이 너무 길어질 수 있으니 이 장의 '톺아보기'에서 좀 더 다루기로 한다. 여하튼 삼성전자는 새로운 기술에 주목한다. 바로 퀀텀닷Quantum Dot(양자점)과 마이크로LED이다.

퀀텀닷과 올레드의 차이

OLED의 최대 장점은 디스플레이의 각 소자 스스로가 빛을 내는 '자체 발광'에 있다. 기존 LCD 방식은 형광등 혹은 LED 등을 이용해 광원을 비춰주고 이를 다시 LCD 패널에서 표시하는 방식이다. 따라서 직접 빛을 내는 방식보다 상대적으로 선명함이 떨어진다. 우리가 LED TV라고 부르는 것도 결국은 LCD 기반에 LED를 광원光原으로 사용한 형태다. 이 광원이 기존 형광등보다 더 밝고 수명도 길다는 점에서 차별화가 이뤄졌을 뿐이다.

퀀텀닷은 LCD에서도 스스로 빛을 내는 물질을 통해 선명한 색상을 구현하는 데 주력한다. OLED처럼 스스로 빛을 낸다는 점에서 비슷해 보이지만, 극명한 차이점이 하나 있다. OLED는 한국어 표기에서 보듯(유기발광다이오드) '유기물'을 사용하는 데 비해 퀀텀닷 물질은 '무기물'이다.

과학 시간에 배운 내용을 잘 떠올려보자. 쉽게 말해 유기물은 온도나 압력의 변화를 주면 변화한다. '유기적인 협업'이라는 말도 이런 성질에서 비롯된 표현이다. 반대로 무기물은 특별한 변화가 생기지 않는다. 바로 여기서 '번인' 현상 유무가 갈린다. 삼성이 매우 강조하는 부분이다.

번인 현상은 소위 화면에 잔상이 남는 현상이다. 대체 왜 이런 현상이 발생하는 것일까?

색상 표현을 더 선명하고 자연색에 가깝게 하고자 TV 제조사들은 이런저런 보정 알고리즘과 그에 필요한 회로를 적용한다. 이를 통해 날이 갈수록 TV의 색상 표현력은 높아진다. 문제는 이 과정에서 조금씩 열이 발생한다는 것이다. 나는 한 산업 전시회를 찾았다가 국내 한 대기업 CEO가 경쟁사 제품의 위와 뒤쪽에 손을 가까이 가져다대는 것을 본 적이 있는데, 알고 보니 발열 정도를 확인하는 것이었다. 그만큼 발열은 민감한 문제이다.

앞서 언급했듯이, OLED는 유기물로 이뤄져 있다. 유기물의 특성에 따라, 열을 오랜 시간 같은 자리에서 받으면 쉽게 말해 '화상'을 입는다. 그 자국이 화면에 남는 게 바로 번인 현상이다.

퀀텀닷은 이런 번인 현상에서 자유롭다. 무기물이기 때문에 화상을 입을 일이 없다. 가령 방송사 로고나 게임을 즐길 때 고정된 위치의 상태 표시창 자리에 자국이 남을까 걱정할 필요가 없다는 의미다.

이렇게 앞선 기술을 가졌으니 퀀텀닷이 당장이라도 시장을 다 지배할 것 같지만, 그렇지 않다. 2017년 11월, 한창 성수기인 연말 대목을 앞두고 삼성전자와 LG전자는 갑자기 '네거티브 마케팅' 논란에 휩싸인다. 삼성전자가 자사 공식 뉴스 홈페이지인 '삼성전자 뉴스룸'과 유튜브 계정 등을 통해 자사 TV와 LG의 OLED TV를 비교하는 시연 영상을 선보였는데, 12시간에 걸쳐 게임을 한 이후 상태 표시창 자리에 남은 OLED TV의 번인 현상을 부각하는 내용이었던 것이다. 삼성전자가 이례적으로 타사 제품 비방 광고를 한 사례로 당시 언론의 주목을 크게 끌었던 이 사건은 그만큼 차세대 디스플레이 시장에 대한 신경전이 대단했다는 것을 보여주는 사례이며, 지금도 상황은 마찬가지이다.

OLED TV는 현재 나름대로 순항 중이다. 2013년 처음 등장한 이후 LG디스플레이만 패널을 만들어왔는데, 적어도 현재(2018년 4분기)까지는 이 상태가 유지되고 있다. 또한 2018년 3분기에는 처음으로 분기 흑자를 기록했다.

LG전자가 LG디스플레이가 만든 패널로 적잖이 재미를 봤다면, 소니는 아예 OLED TV로 부활하고 있다. OLED TV를 선보인 이후 소니는 OLED 프리미엄 TV 시장에서 한국 업체들을 제치고 1위로 올라섰다. 아무래도 미국인들은 소니라는 브랜드에 대해 여전히 애정이 대단한 모양이다. 삼성 입장에서는 속이 터질 노릇이다. LG의 기술로 소니가 살아나면서 '1등 삼성'이라는 명제가 TV 시장에서 흔들리고 있기 때문이다.

OLED는 이처럼 자리를 잡아가고 있지만, 두 가지 문제를 안고 있다. 하나는 BOE 등 중국 업체의 맹렬한 공세이다. BOE는 최신 기술인 프린팅 방식으로 RGB 소자를 증착하는 공정을 도입하겠다고 밝혔는데, 이것은 삼성도 여러 차례 시도하다 결국 수율收率이 한 자릿수대에 머물러 포기했던 방식이다. 때문에 국내 업계에서는 수년 내로는 상용화가 어려울 거라고 보고 있다.

다른 문제는 대형화 문제다. 번인이야 어떻게든 사용하는

데 무리가 없도록 해결한다고 해도, 화면을 현재 77인치 이상으로 늘리는 데는 경제성 면에서 한계가 있다. TV는 갈수록 대형화되고 있어 이제 몇 년 안에 100인치대가 현실화될 텐데, OLED 방식은 생각보다 대형화가 어렵다. 그래서 주목하는 기술이 마이크로LED다. 이 기술은 LED를 미세하게 만드는 방식인데, 그에 대해서는 이 장의 '톺아보기'에서 좀 더 자세히 살펴보도록 하겠다.

독자 노선, 삼성의 승부수

삼성전자는 현재 2,500달러 이상의 전체 프리미엄 TV 시장에서 40%대 점유율을 이어가며(NPD 조사 기준) 세계 1위를 이어가고 있다. 삼성전자 내부에선 점차 대형화, 고급화 추세가 강화되는 TV 시장 추세를 고려하면 압도적인 수준이라고 자평한다. 외부에서도 삼성의 이런 입지를 충분히 존중해주는 느낌이다.

삼성전자는 이런 자신감을 바탕으로 현재 독자 기술 노선을 걷고 있다. 우선 하드웨어상으로는 퀀텀닷을 밀면서, 소프트웨어상으로는 HDR 10+(플러스)와 타이젠 운영체제를 채택한 것이다.

HDR 10+는 기존의 HDR 10 표준을 삼성전자가 독자적으로 연구해 업그레이드한 기술이다. HDR은 High Dynamic Range의 약자로, 색상의 표시 범위를 더 다양하게 만들어 결과적으로 색상 표현을 보다 자연색에 가깝게 사실적이고 선명하게 만들어주는 기술이다. 애플이 2010년 발표한 아이폰 4와 iOS 4.1에서 선보이며 꽤 유명해졌는데, 이후 TV나 스마트폰 등 고사양 디스플레이 탑재 제품에 경쟁적으로 도입되며 확산됐다. 타사가 돌비의 '돌비 비전'을 채택하는 사이 삼성은 자체 표준으로 방향을 잡았다.

타이젠은 스마트 TV를 보다 직관적으로 사용할 수 있도록 하는 사용자 환경(UI)을 만드는 데 활용되었다. 리눅스 기반으로 안드로이드 등과도 잘 호환되고, 그동안 스마트폰에서 사용한다며 개발한 여러 요인들이 스마트 TV에서 꽃을 피우면서 새로운 활용처를 찾은 모습이다. 특히 앱 개발 환경의 기반이 잘 닦여 있어 개발자들이 다양한 앱을 내놓고 있다. 삼성의 마케팅 조직은 이런 점을 '차별화 요소'로 내세우며 시장 리더십 강화에 활용하고 있다.

퀀텀닷에 이어 삼성전자가 선택한 회심의 카드는 바로 '마이크로LED'다. 마이크로LED는 비단 삼성뿐 아니라 LG나 소니, 중국 업체들도 모두 뛰어든 대세 분야다. 삼성은

CES 2018에서 야심차게 마이크로LED 기반의 '더 월^{The} ^{Wall}'을 공개했다.

마이크로LED를 가장 먼저 제품화한 건 소니였지만, 2018년에는 시제품조차 선보이지 않았다. 애플도 마이크로LED 업체를 인수해가며 R&D를 추진했지만, 역시나 상용화까지는 갈 길이 멀다. 삼성은 이들과 달리 곧장 양산이 가능하다는 메시지를 던졌다. 영상디스플레이 사업부(VD) 한종희 사장은 수요만 있다면 2018년에도 제품 인도가 가능할 것이라고 확언했다.

더 월을 통해 삼성전자가 던지는 메시지는 단지 신기술의 제시에 그치지 않는다. 여러 개의 스크린을 붙여서 벽 전체를 덮는 형태를 제안하는 방안에는 '라이프스타일의 변화'에 초점을 맞춘 삼성전자의 마케팅 전략이 담겨 있다(삼성전자는 CES 2019에서 현실적으로 수요가 있을 만한 크기인 75인치 제품을 선보였다. 단일 모듈로 기존 TV처럼 이용할 수도 있고, 여러 모듈을 연결해 대형 스크린을 만들 수도 있다. 삼성전자는 과거 브라운관부터 LCD, OLED로 이어진 TV 화면의 계보를 벽면 전체로 넓히고 싶어하는 것이다).

관건은 결국 가격이다. 얼마나 빠른 속도로 대량생산을 실현해 가격을 낮추느냐가 조기에 시장을 확대할 수 있는

삼성전자의 빅픽처

지 여부를 가를 전망이다.

삼성과 뉴욕타임스 사장이 한 무대에 선 이유

물론 TV 시장을 단순히 기술력으로만 판단해서는 안 된다. 2018년 3월 7일 미국 뉴욕의 한 풍경은 TV 시장의 근본적, 구조적 문제를 보여준다.

이날 월스트리트의 옛 증권거래소 건물에서 열린 '더 퍼스트 룩 2018 뉴욕The First Look 2018 New York' 무대에 비슷한 고민을 안은 두 남자가 섰다. 삼성전자의 한종희 영상디스플레이 사업부장(사장)과 뉴욕타임스(NYT)의 마크 톰슨 CEO가 그 주인공이었다. TV의 종말, 그리고 신문의 종말이라는 '종말론' 앞에서 나란히 생존을 고민하고 있는 두 사람이었다.

앞서 언급했듯이, 삼성전자는 계속 양자점 전략을 밀어붙이고 있다. 문제는 '완전한' 양자점 방식을 구현하는 데는 시간이 꽤 걸리고, 그사이 소비자들은 OLED 방식을 앞세운 LG전자와 소니로 고개를 돌리고 있다는 것이다. 여기에 중국 업체들까지 OLED 채택으로 기울고 있어 삼성전자는 시장 내에서 '고립무원' 상태에 놓여 있다.

프리미엄 TV 시장에서 삼성은 일개 리서치 회사인 IHS 마킷과 자료의 신빙성을 놓고 싸우다 결국 다시 IHS마킷 자료를 구독해주며 갈등을 간신히 봉합했다. 삼성 입장에선 모양새가 꽤나 구차해진 셈이다. 게다가 실제로도 소비자들이 점점 LCD 기반 방식을 '새로운 기술'로 여기지 않는 조짐이 이어지고 있다(LED라고 부르는 디스플레이도 사실은 LCD 패널을 이용한 방식이다). 위기감은 계속된다.

시장 내 상황뿐 아니라 시장 자체도 흔들리고 있다. 사람들은 점점 TV를 보지 않는다. 2010년대 들어 스마트폰이 부상하면서 스마트폰과 태블릿으로 시청 경험이 옮겨가는 흐름을 어찌할 도리가 없다. 이 때문에 삼성전자 내에서도 '스마트홈'의 허브 역할을 두고 스마트폰과 TV가 서로 경쟁하는 형국이다.

이런 상황에서 삼성전자가 선택한 전략은 '꺼진 화면에서 보는 콘텐츠 감상'이었다. 더 프레임 TV를 작년에 내놓으며 각종 명화 작품이나 클라우드상의 사진을 볼 수 있게 한 것이 대표적이다. 여기에 비슷한 고민을 하는 '동지' NYT와의 협력을 꺼내든 것이다.

삼성의 손을 잡은 NYT의 고민 역시 상당하다. 미국 내 오피니언 리더들이 읽는 고품격 신문이라는 NYT의 포지션은, 이제 그런 뉴스들조차 모바일에서 읽는 상황이 오면서 역시 위기를 맞고 있다.

최근 개봉한 영화 〈더 포스트〉에서 〈뉴욕타임스〉는 〈워싱턴포스트〉와 함께 특종의 대명사, 미국 언론 자유의 표상으로 나오지만, 이제 그 영광이 잘못하면 사라질 위기에 처해 있다. 외부의 압력이 아닌 독자들의 '변심'으로 새로운 위기를 마주한 것이다.

이런 위기를 타개하기 위해 NYT가 선택한 인물이 현재의 CEO 마크 톰슨이다. BBC CEO 출신인 그는 역시 위기의 TV 방송 환경에서 돌파구를 찾았던 인물이다. 그가 삼성 TV를 통해 보여주겠다는 콘텐츠는 기존의 기사 형태가 아닌 주요 뉴스를 요약한 형태다. 다소 차별화가 쉽지 않아 보이는 부분인데, 어떻게 묘수를 찾을지 주목할 부분이다.

삼성과 NYT 모두 '기존의 시장 자체가 사라져가는' 위기에 처해 있다. 어쩌면 이런 고민은 향후 자동차나 다른 제조업, 서비스업으로도 확장될 것이다. 그에 앞서 위기에 더 가까이 직면한 두 사람이 멋진 대안을 찾길 바라보지만, 상황은 결코 녹록지 않아 보인다.

'원 삼성'과 '스마트씽스'

생활 가전은 삼성전자에 유독 가혹한 눈길과 기준이 가해지는 부문이다. '백색 가전은 LG'라는 말이 여전히 통용되는 시장으로, 삼성전자는 사업 초기에 모터 기술 발전이 다소 늦었던 탓에 뜻하지 않은 오명을 얻기도 했다.

하지만 삼성은 가전 시장, 그것도 고가 시장에서 강자 자리를 유지하고 있다. LG처럼 두 자릿수 이익률을 보이는 건 아니지만, 북미나 아시아 시장 여러 국가에서 삼성은 점유율 1, 2위를 다투고 있다. 미국 최대의 전자제품 오프라인 유통 업체인 베스트바이 매장만 가봐도 매장 한가운데에 별도 공간이 갖춰진 삼성의 입지를 잘 알 수 있다.

삼성전자는 이런 기반을 바탕으로 당초 '원 삼성ONE SAM-SUNG'이라는 개념을 내세웠다. 2016년 삼성 개발자 컨퍼런스(SDC 2016)에서 언급된 이것은 삼성 제품을 하나로 다 연결한다는 전략으로, 스마트씽스 플랫폼이 삼성의 모든 기기를 지원한다는 개념이다. 현재는 쓰이지 않고 있지만, 삼성의 스마트홈 전략을 포괄하는 초기 개념이라는 점에서 향후 발전된 형태의 새로운 용어로 등장할 가능성이 높다.

이런 흐름을 타고 부상한 것이 '스마트씽스SmartThings' 플랫폼이다. 원 삼성을 실제로 구현해낸 클라우드 기반의 스마트홈 종합 제어 허브 서비스다.

스마트씽스는 2014년 삼성전자가 인수한 사물 인터넷 플랫폼 업체로, 삼성에 인수될 당시 이미 많은 가전제품을 연결하는 역량을 갖춘 상태였다. 지그비ZigBee 표준 제정 단체인 '지그비 얼라이언스'에서는 2015년에 스마트씽스의 등급을 기존 일반 참여Participant 회원사에서 프로모터Promoter 등급으로 높였다. 지그비는 낮은 주파수로 단순한 기능에 필요한 통신에 쓰이는 통신 방식으로, IoT 생태계에서 와이파이의 빈틈을 메워주는 중요한 역할을 차지하고 있다. 삼성전자의 스마트씽스 인수는 이 기술을 아예 주도하겠다는 포석이 깔린 움직임이었다.

이후 비교적 조용했던 스마트씽스라는 이름은 CES 2018에서 다시 화려하게 부상한다. 삼성전자의 스마트홈 생태계 전체를 아우르는 플랫폼으로서, 소형 가전부터 TV, 스마트폰, 냉장고, 자동차까지 포괄하게 된 것이다. 여기에서 그치지 않고 타사 기기 연결까지 지원한다. 삼성전자가 인수한 후 4년여 만에 삼성의 '중심'으로 부상한 것이다.

기실 스마트홈이나 스마트시티 같은 IoT 생태계는 복잡한 기술보다는 보다 원활한 연결성을 확보하는 게 중요한 시장이다. 기술력보다는 '상상력'과 '안정성'이 상대적으로 더 중요하다. 혁신 기업은 대개 새로운 아이디어를 빠르게 받아들이면서, 이에 맞는 신선함을 남들보다 먼저 구체화시킨다. 애플은 스마트폰을 최초로 만든 곳은 아니었지만, 가장 먼저 구체화해 시장을 창출한 곳이었다.

삼성은 그런 애플을 발 빠르게 따라잡았고, 나아가 새로운 형태의 하드웨어를 만들어 혁신 기업이란 수식어를 얻었다. 여기에 이제 기존 제품들과의 연결성을 확대한 IoT 생태계를 만들었다. 스마트홈 플랫폼을 놓고 구글과 나란히 경쟁하고 있는 셈이다. 스마트홈·스마트시티 세상에서도 삼성전자는 계속 혁신 기업이란 수식어를 유지할 수 있을까. 답은 삼성만이 알고 있다.

삼성은 2020년까지 사물 인터넷 연결은 물론, 인공지능 연결까지 모두 마무리한다는 계획이다. IFA 2017과 CES 2018을 통해 차근히 밝힌 삼성전자의 청사진은 실존하는 플랫폼을 통해 차질 없이 달성될 수 있을 것으로 보인다.

삼성 백색 가전의 경쟁력

2017년 4분기, 삼성전자는 미국 생활 가전 시장에서 다른 브랜드를 제치고 점유율 21.0%(금액 기준)로 1위를 차지한다. 연간 전체로는 19.5%로, GE나 월풀, 나아가 LG와의 격차를 벌리며 차지한 2년 연속 1위라는 점도 고무적이었다.

	삼성	LG	월풀	GE	켄모어
점유율	19.5	15.7	15.4	13.5	9.1
증감률	+2.3	0	-1.2	-0.1	-1.3

(단위: 점유율은 퍼센트, 증감률은 퍼센트 포인트)

삼성전자의 프리미엄 브랜드가 소비자 공략에 성공한 게 우선 주효했다. 스마트 기능을 갖춘 패밀리허브 냉장고와 플렉스워시 세탁기의 판매가 호조를 보였다. 특히 미국 정부의 압박에도 세탁기 시장에서 우위를 입증한 점이 인상적이었다.

하지만 이보다 더 눈길을 끄는 부분은 바로 '가스레인지'다. 오븐 기능을 갖춘 가스레인지의 돌풍은 2017년 미국 시장을 완전히 장악했다. 삼성전자의 묘책은 '듀얼 도어Dual Door'였다.

문이 두 개다. 조리 공간의 상부만 열 수도 있고, 전체를

다 열 수도 있다. 두 가지 요리를 동시에 각각 진행할 수도 있고, 칠면조처럼 크기가 큰 식재료를 요리하기에도 좋다. 삼성전자가 미국인들의 생활 패턴을 철저하게 조사, 연구한 끝에 얻어낸 비책이었다.

삼성은 미국 베스트바이 매장 한가운데를 차지한 걸로도 모자라, 별도 체험관 '삼성 오픈하우스Samsung Open House'까지 운영한다. 전담 인력이 방문객을 맞이해 패밀리허브 같은 생활 가전을 소개한다. 2018년 1월 내가 CES 2018을 맞아 인근 매장을 방문했을 때, 국내 기자단을 맞이한 현지 법인 관계자는 이렇게 말했다. "갈수록 늘어나는 게 보입니다." 손님 수도, 판매량도, 점유율도.

마이크로LED

마이크로LED는 말 그대로 미세한 크기의 LED를 광원으로 한 디스플레이 기술이다. 한 변의 길이가 100μm(1만분의 1m) 이하인 초미세 제품인데, 에너지 효율은 기존 LED보다 20%가량 높다. 크기가 더 미세하기 때문에 아예 디스플레이 내부에 심어버리면 별도 광원 공급이 아닌 자체 발광이 가능하다.

그래서 OLED보다 대형 스크린을 만들기 쉽고, 기존의 LCD보다 디스플레이 형태를 변형시키는 데도 더 적합하다는 평가를 받는다. 다만 미세한 크기 때문에 디스플레이에 옮겨 심는 '전사' 공정이 까다로워 이 부분에 대한 경쟁력 확보가 원활한 양산을 결정하는 요소로 작용한다.

마이크로LED 기술이 처음 등장한 건 2010년대 초반으로, 주로 대만이나 중국 업체의 기술력이 높은 편이다. 2017년 삼성전자는 대만의 한 업체를 인수하려 시도했으나 최종 단계에서 무산됐고, 대신 지분 투자와 함께 기술 제휴 방식으로 제품을 양산해 CES 2018에서 처음 '더 월'을 선보였다(CES 2019에서는 더 월 업그레이드 버전을 선보였다. 베젤(테두리)을 없애다시피 해 몰입감을 높인 '인피니트infinite' 디자인을 적용했다).

마이크로LED를 적용한 TV를 가장 먼저 선보인 건 소니다. 이미

2016년에 디스플레이 산업 전시회인 인포콤 행사장에서 시제품을 공개했다. 하지만 소니는 기업 특성상 혁신 제품을 만들고도 이를 실제 상용화로 현실화하기까지 걸리는 시간이 너무 길다. 그 과정에서 결국 삼성전자에 추월을 허용한 셈이 됐다.

LG전자는 2017년 12월의 조직 개편 때 신설한 B2B 사업본부(최근 BS 사업본부로 이름이 바뀌었다) 내의 정보디스플레이(ID) 사업부에서 마이크로LED 관련 역량 확보에 나섰는데, 오너가 4세인 구광모 당시 상무가 이를 이끌고 있었을 정도로 관심이 높다.

애플도 마이크로LED 자체 기술 개발을 추진하다 2014년 대만 럭스뷰를 인수했지만, 결국 럭스뷰 조직은 사실상 해체됐고 다시 자체 개발로 선회한 상태. 다만 애플은 이 기술을 화면 대형화보다는 아이폰 차별화에 사용할 가능성이 높다는 점에서 다른 기업들과는 다른 모습을 보인다.

정말 LG랑 비교하면 어떤가요?

'백색 가전은 LG'라는 말을 하는 소비자들이 상당수이다. LG가 삼성보다 전자 사업을 먼저 시작하기도 했고, LG 제품에 대한 선호가 상당하기 때문이다. 그럼에도 삼성의 점유율은 전반적으로 LG보다 높은 편이다. 딱히 더 큰 할인폭을 적용하는 것도 아닌데 그렇다. 이는 삼성이란 브랜드 자체에 대한 신뢰도가 높기 때문이라는 게 업계의 분석이다.

나는 어느 회사 제품이 더 좋다는 이야기를 하기보다는 이 분야에서 두 회사가 나란히 세계 제일을 다투는 위치로 선 것은 양사의 '선의의 경쟁'이 낳은 성과임을 강조하고 싶다. 양사 관계자들과 술자리를 갖다보면 그들 역시 같은 맥락에서 허심탄회하게 이야기를 털어놓는다. "경쟁 상대가 가까이에 있었기에 서로 자극이 되어 둘 다 이렇게 컸다"는 소회는 이제 사실로 굳어지고 있다.

과거 양사는 서로 냉장고 용량이나 세탁기 내구성 등을 놓고 진실게임 공방을 벌이기도 했다. 현재도 역시 TV를 놓고 서로 견제하는 모습을 보인다. 그럼에도 서로의 본질을 훼손하는 비방은 삼간다. 그런 자극이 서로가 서로를 발전시키는 자극제, 촉매제가 되었다.

이제는 양사 제품 모두 상당한 수준에 이르렀다. 미국이 자국 산업에 대한 위협을 근거로 세이프가드(수입 제한 조치)를 발동했지만, 내가 여러 해에 걸쳐 둘러본 베스트바이 매장의 프리미엄 라인업은 이미 두 회사가 지배하고 있다. 국내 두 업체의 지배력은 확고하다.

프리미엄 라인업에서만큼은 여전히 중국 업체가 우리의 상대가 되지 않는다. 브랜드 신뢰도는 하루아침에 쌓이지 않는다. 그게 바로 삼성전자의 자산이자 우리의 자산이다. 다만 5년 뒤, 10년 뒤의 모습은 아무도 알 수 없기에 항상 주의를 기울여야 할 것이다.

5장

자율주행차로 향하는
손영권 CSO의 행보

Son Young. 손영권 사장의 영어 이름이다. 이름처럼 그는 꽤 젊은 감각을 유지하며 산다. 인텔이나 애질런트 등에서 근무하며 해외에서 오랜 기간 엔지니어로 살아왔고, 벤처 캐피탈 분야에서 명성을 쌓다 삼성에 영입됐다. 그에게 주어진 조직의 이름은 '삼성전략혁신센터Samsung Strategy and Innovation Center'(SSIC)이다.

영입된 이후 손영권 사장은 미래 투자를 위한 '삼성 넥스트Samsung Next' 펀드를 만드는 등 삼성의 '새로운 먹거리'를 찾고 내부 혁신을 주도하는 역할을 맡아 활발한 행보를 보인다. 그러다 2017년 말 정기 인사에서 '최고전략책임자Chief Strategy Officer'라는 보직을 받는다. 그에 앞서서는 하만

이사회 의장도 맡았다. 삼성의 미래를 모색하는 손 사장이 이끄는 하만과 SSIC는 이전의 삼성과 어떻게 '공존'할까.

갑작스런 오디오 업체 인수 소식

2016년 11월, 삼성전자 출입 기자들은 깜짝 소식에 술렁였다. 거대한 인수 합병(M&A)의 상대는 오디오 명가名家 '하만HARMAN'. 하만카돈, JBL, AKG 등 오디오를 잘 몰라도 들어봤음직한 브랜드를 다수 보유한 기업이다. 그런 하만을 인수했다는 자체만으로도 놀라운데, 인수 금액이 9조 원대에 달한다는 소식은 더더욱 새롭고 놀라웠다.

삼성이 하만 인수 이유를 밝히면서 비로소 궁금증은 풀렸다. 삼성이 주목한 지점은 '자동차용 전장(전자장치)'이었다. 오디오 업체가 무슨 차량용 전장 사업을 운영하느냐고 반문하겠지만, '카 오디오'를 떠올리면 쉽게 납득이 갈 것이다. 그렇다면 다시 질문 하나. 카 오디오 하나 갖췄다고 차량용 전장 기술을 다 갖고 있다고 볼 수 있는가?

이건 자동차 분야의 특수성을 모르고 하는 이야기다. 자동차에 들어가는 모든 부품에는 스마트폰이나 가전의 안전 기준보다 훨씬 높은 수준이 요구된다. 전자 제품보다 자동

삼성전자의 신성장 동력 발굴을 진두지휘하고 있는 손영권 삼성전자 최고전략책임자ⓒ이재운.

차 부품은 사람의 생명과 더 연관성이 크기 때문에 당연한 이치다. 문제는 기존 전자 업체의 사업 방식으로는 이 수준을 맞추기가 영 어렵다는 데 있다.

전자 업계는 가전제품의 경우 약 2~3년, 스마트폰은 6개월 이내를 주기로 변화하는 곳이다. 하루라도 멈출 수가 없는, 분·초 단위 경쟁이 치열한 곳이다.

반면 자동차 업계는 최소 5년 이상, 길게는 10년 넘는 주기를 갖고 기술 진보가 이뤄진다. 한번 개발한 프레임은 몇

삼성전자 M&A 일지

대상 기업	시기	주요 사업
스마트씽스	2014년 8월	사물 인터넷(IoT) 스마트 플랫폼
루프페이	2015년 2월	간편 결제 기술 보유, 삼성페이 서비스 완성
예스코일렉트로닉스	2015년 3월	상업용 LED 디스플레이 기술 보유
조이언트	2016년 6월	클라우드 인프라 관리 솔루션 업체
애드기어	2016년 6월	디지털 광고 관련 소프트웨어 개발
비브랩스	2016년 10월	음성 인식·인공지능(AI) 플랫폼 개발
하만	2016년 11월	자동차용 전장·오디오 제품·기술 개발
뉴넷캐나다	2016년 11월	차세대 문자 메세지(RCS) 기술 보유
지랩스	2018년 10월	AI 기반 네트워크 분석·관리 솔루션 개발

년이고 계속 사용하고, 디자인도 급변하지 않는다.

삼성은 이미 자동차 사업에서 한 번의 큰 착오를 겪고 사업에서 철수해 있는 상태이다. 삼성SDI의 전기차용 배터리 사업을 제외하고는 그동안 자동차와는 거리를 두고 있었다. 하지만 반도체 시장의 환경이 급변했다. 스마트폰은 점점 포화 상태에 이르고 있고, 반대로 자동차에는 전장 부품 탑재가 늘어나는 트렌드가 나타났다. 도입이 확대되는 '인포테인먼트'는 자율주행차의 시작을 알리는 신호탄이었고,

여기에 전기자동차가 등장하면서 반도체 시장의 눈은 일제히 자동차를 향했다. 삼성은 급반전을 이뤄낼 카드가 필요했고, 그 상대가 바로 하만이었다. 그리고 하만을 인수하고 기존 삼성의 역량과 시너지를 모색하는 일련의 과정 뒤에는 손영권 사장이 있었다.

JY 대신 베르사유궁에 간 손 사장

이쯤 되면 손 사장의 역할이 어디까지인가 궁금해진다. 2017년 말 진행된 정기 인사에서 '최고전략책임자'로 임명된 그는 당시 구속 수감으로 부재중이던 이재용 부회장을 대신해 미래의 먹거리 발굴에 앞장서는 역할을 맡는다. 원래도 발굴하고 모색하는 게 그의 역할이었지만, 좀 더 힘과 무게가 실린 셈이다.

그런 그가 새해를 맞아 향한 곳은 CES 2018과 '프랑스판 다보스포럼' 행사였다. CES야 1년을 여는 세계적인 산업 전시회라 참석했다고 볼 수 있지만, 프랑스 베르사유궁전에서 열린 포럼 참석은 상징성이 크다.

세계적으로 인기를 얻고 있던 에마뉘엘 마크롱 프랑스 대통령이 다보스포럼에 앞서 세계 주요 기업인을 초청한 자리였기 때문이다. 삼성에서는 이재용 부회장을 대신해 손 사장이 참석한 것이었다.

잠시 이 부회장의 부재를 메운 이들을 한번 살펴보자. 2017년 2월 그의 수감 이후 한동안 권오현 삼성전자 부회장(현재 회장)이 주로 대표자 역할을 했다. 하지만 권 부회장이 용퇴 의사를 밝힌 이후 대외 활동은 윤부근 부회장이 'CR(Coporate Relations) 담당'이라는 직함으로 대표자 역할을 수행했다. 주로 재계 행사나 정치권 등 대외적인 자리에 참석하는 역할이었다.

이와 달리 대내적으로, 또 전략적인 투자를 결정하는 자리에 참석하는 역할을 맡은 사람은 바로 손 사장이다. 베르사유궁에서도 그는 첨단 산업 육성에 열을 올리는 프랑스 정부와 투자 계획에 대한 의견을 나눴다. 실리콘밸리를 기반으로 미국, 이스라엘, 중국 등 세계 곳곳을 돌아다니며 추가 투자처를 찾는 게 그의 일이다. 그리고 그 결과를 이제 감옥에서 풀려나온 이 부회장과 의논하며 의사 결정을 내릴 것이다.

손 사장이 원래 이끌던 조직의 이름은 SSIC, 삼성전자의 전략혁신센터다. 그리고 SSIC의 대표적인 사업은 바로 '삼성 넥스트'라는 벤처 투자 펀드. 여기서는 로봇, 디스플레이 생산 장비 등 다양한 분야에 투자를 진행한다. 삼성이 즉시 혹은 가까운 미래에 활용할 기술을 찾아내 투자하는 것이다. 필요하면 인수를 할 수도 있고, 지분만 투자할 수도 있다. 삼성 넥스트는 CES 2018의 스타트업 전시관인 '유레카 파크'에서 별도 발표 세션을 진행하기도 했다. 실리콘밸리의 스타트업 사이에서도 삼성은 '큰손'인 셈이다.

국내 스타트업에 대한 인수나 투자는 활발하지 않은 편이지만, 그래도 싸이월드에 50억 원을 투자하고 AI 음성 인식 스타트업인 플런티를 인수하는 등 꾸준한 활동을 이어나가고 있다.

삼성전자는 이 밖에도 자율주행 관련 기술 확보를 위한 펀드로 '삼성 오토모티브 혁신 펀드Samsung Automotive Innovation Fund' 등 다양한 목적의 여러 펀드도 운영한다. 오토모티브 혁신 펀드의 투자를 받은 오스트리아의 TT테크는 CES 2018에서 삼성전자, 하만 등과 협업해 자율주행 솔루션 '드라이브라인DRVLINE'을 내놨다. 이 '드라이브라인'의 의미는 상당하다.

자율주행, 삼성의 자동차 재도전 될까

드라이브라인은 하만이 주도하고 삼성과 TT테크 등이 뒷받침하는 형태로 진행된다. 이 플랫폼은 하드웨어 장치를 다 갖춰두었으니, 그대로 가져다 각자 최적화Customization해서 쓰라는 것이다.

삼성전자 입장에서는 우선 하드웨어 판매량 자체가 늘어나는 효과를 얻는다. 여기에 하나 더하자면, 드라이브라인이 삼성의 AI 음성 인식 '빅스비', 하만의 차량용 클라우드 서비스 '이그나이트'와 연계하면서 자연스레 자동차 사용자의 데이터가 쌓인다. 자동차 분야의 데이터 확보가 어려운 삼성의 기존 사업 구조가 갖는 한계를 넘기 위한 방책이기도 한 셈이다.

손 사장의 또 다른 역할인, '데이터 중심 조직'으로의 변혁 추진 역시 주목할 만하다. 빅데이터 시대, 4차 산업혁명 패러다임의 핵심이자 기반은 바로 데이터 주도권 싸움이다. 손 사장도 CEO 서밋 등에서 틈날 때마다 '데이터 중심Data-centric' 전략의 중요성과 시급성을 강조한다. 자율주행차 분야에서도 이에 대한 대응이 필수적이라는 점에서 드라이브라인의 중요성은 다시금 부각된다.

현실로 성큼 다가선 자율주행차. 현재 삼성전자는 다양한 사업부와 연구 부서에서 자율주행 관련 기술을 연구하고 있다(이미지 제공=셔터스톡).

이 데이터 주도권 경쟁은 또 다른 중요한 요소와 연결된다. 바로 '로봇'이다. 가깝게는 당장 우리 곁에서 볼 수 있는 '로봇 청소기'를 시작으로 '인공지능을 통해 스스로 움직이는 모든 것'이 자율주행과 연관된다. 사실 자율주행 자동차역시 하나의 로봇이다. 흔히들 아는 항공기 자동 운항 기능역시 자율주행의 초기 단계에 해당한다. 자율주행 기술력을 확보하면 드론(무인기)이나 전동 휠체어, 로봇 반려동물, 군사용 로봇까지 활용도가 무궁무진하다. 그리고 자율주행 기술에 필요한 데이터를 모두 갖출 수 있다면, 삼성은 최소한 이와 관련된 반도체 분야 기술력의 주도권을 확실히 가져 갈 수 있다. 최근 삼성이 산업용 로봇 연구 조직을 강화하는 트렌드 역시 이와 무관하지 않아 보인다.

또 하나 주목할 점은, 삼성전자가 하만에 상당한 수준의 자율성을 보장하는 등 조급해하지 않는다는 점이다. 점령군 을 보내거나 무리한 통합을 시도하지 않으며, 하만이 제품 개발과 연구를 주도하고 있다. 삼성전자가 외부에서 인수한 대형 업체를 다루는 데 여유와 끈기를 가지고 움직인다는 점을 엿볼 수 있다.

여기서 다시 자동차 이야기로 돌아가보자. 과연 삼성은 자동차 사업에 다시 뛰어들 수 있을까. 이미 자동차용 반도 체-오디오-전조등(LED)-배터리에 이르는 포트폴리오를 갖춘 삼성이다. 과거 삼성자동차 출신 중 몇몇의 키맨은 아 직 삼성전자에 남아 권토중래를 꿈꾸고 있다. 완성차 형태 로의 진출 여부는 삼성도 아직 지켜보는 수준이지만, 적어 도 부품과 소프트웨어 산업에 대한 의지만큼은 확고하다. 이재용 부회장의 출소와 함께 또 다른 전장 업체 인수 검토 가 거론된 것은 그런 맥락을 뒷받침한다. 삼성은 전면적으 로 자동차 산업에 등장하는 방식을 부담스러워하지만, 관련 생태계에서 플랫폼 주도권을 쥐는 데에는 여전히 관심이 많다.

현재 전통적인 자동차 산업계에는 위기감이 팽배하다. 전기차, 자율주행차, 수소차 등 모든 트렌드가 과거 '오너드라이버' 시대의 패러다임을 위협하고 있고, 그 중심에는 IT가 있기 때문이다. 다시 한 번 주지하는 바, 삼성은 세계 최대 IT 기업의 하나다.

삼성전자를 돕는 '패밀리들' 이야기

삼성SDI, 삼성전기, 삼성SDS… 이름은 많이 들어봤는데, 통 뭘 하는 회사인지 궁금한 독자들이 많을 것이다. 하나씩 살펴보면, 삼성전자와 사업상으로 협력하는 동시에 자체 사업도 모색하는 견실한 기업체들이다.

삼성SDI: 전기차 ESS

삼성SDI는 원래 '삼성전관'으로 시작해 TV 브라운관, 그리고 비운의 디스플레이였던 PDP 패널을 만들던 곳이다. 그러다 삼성전자가 휴대전화 사업을 키우면서 배터리 사업을 맡게 됐는데, 지금은 이 배터리 사업이 삼성SDI의 주력이 됐다.

좀 더 자세히 보면, 스마트폰이나 노트북, 태블릿 등에 들어가는 소형 배터리가 주력 품목이었는데 최근 들어 중·대형 배터리 비중이 점차 높아지고 있다. 이 큰 배터리들은 전기자동차, 에너지 저장 장치(ESS) 등에 들어간다.

삼성SDI는 이외에 반도체나 디스플레이 패널에 사용하는 전자 소재 사업도 진행하고 있다. 삼성은 원래 제일모직을 통해 전자 소재 사업을 하다 이를 삼성SDI와 합병시켰고, 이외의 나머지 화학 사업은 전부 한화와 롯데 그룹에 매각했다.

삼성전기: MLCC 듀얼 카메라

삼성전기는 TV 방송 수신 장치(튜너)를 시작으로 휴대전화용 카메라 모듈, 적층세라믹콘덴서(MLCC) 등을 생산한다. 또 인쇄 회로 기판(PCB)과 무선 충전 모듈 등을 개발한다. 한마디로 삼성전자의 완제품이나 반제품에 필요한 주요 바탕 부품을 만들어 공급하는 곳이다. 최근에는 갤럭시 시리즈를 비롯해 애플이나 중국 업체들도 듀얼 카메라 탑재를 확대하고 있어 수혜를 받고 있다.

삼성SDS: 물류BPO 블록체인

삼성SDS는 '삼성 데이터 시스템'의 약자다. 본디 삼성 계열사들의 전산실 관리를 담당하는 IT 아웃소싱이 주요 사업인데, 방대한 양의 IT 자원을 관리하던 노하우를 바탕으로 컨설팅이나 시스템 구축 등도 진행한다. 여기에 현 대표인 홍원표 사장이 삼성SDS로 온 2015년부터 '솔루션 사업'을 새로운 동력으로 키우다 얼마 전 신사업으로 발굴한 것이 '블록체인'이다. 이미 가상화폐(암호 화폐)와 연계되어 미래 기술로 급부상 중인 블록체인을 선점한다는 계획이다.

삼성디스플레이

삼성디스플레이는 삼성전자의 100% 자회사로, LCD나 OLED 패널을 만들어 삼성전자 등에 공급한다. 삼성전자의 분기별 실적 발표 시 DS 부문의 '디스플레이'로 표시되는 내용이 바로 이 회사의 실적이다.

중소형 OLED의 경우 98% 안팎의 독보적 점유율로 삼성전자는 물론 애플과 중국 업체들에도 사실상 독점 공급한다. LG디스플레이나 중국 패널 업체의 추격이 거세지만 펀더멘털은 훌륭하다. 다만 대형 OLED 패널을 만들지 못하는 상태에서 마이크로LED 주도권을 잡지 못한 부분은 아쉬움이 남는 대목이다.

6장

프랑스와 캐나다에 거는
삼성전자의 미래

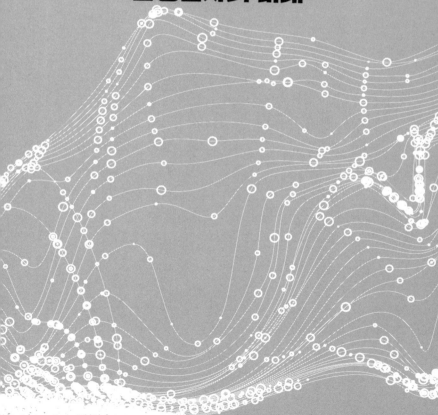

인공지능(AI)은 2015년 '알파고' 쇼크를 통해 순식간에 우리 곁에 다가왔다. 이미 낮은 수준의 AI는 우리 삶 속에 녹아들어 있고, 이제는 높은 수준의 AI가 인간의 의사 결정을 돕고 나아가 스스로 결정까지 할 수 있으리란 전망이 우세하다.

IBM, 구글, 애플 등 세계 IT 공룡들이 모두 AI에 뛰어드는 이때, 삼성전자도 마냥 손을 놓고 있진 않았다. 물론 과거 전략적 판단의 아쉬움이 남는 대목은 있지만, 그래도 재빠르게 시장에 진입하며 주요 플레이어로 자리를 잡은 점은 역시 삼성전자의 '기민함'을 알 수 있는 대목이다.

삼성전자의 AI 전략은 '빅스비Bixby'를 전면에 두고 벤처 투자(VC) 프로그램인 삼성 넥스트와 미국 실리콘밸리 R&D 조직인 삼성리서치아메리카(SRA), 그리고 서울(우면동) 본사 R&D 조직 간의 유기적인 협업으로 이어지고 있다.

빅스비, 미래를 알려줘

빅스비는 삼성전자가 2017년 봄에 선보인 갤럭시S8부터 적용한 AI 음성 인식 도우미 기능이다. 사용자가 말로 내린 명령을 듣고 이에 맞는 동작을 수행하는 역할을 한다. 이 동작에 필요한 근간 기술이 바로 AI다. 빅스비를 처음 소개한 TV 광고를 보면 이용자가 특정한 사진을 찾아 누군가에게 보내라고 말하자 이를 수행하는 모습이 나온다. AI 음성 인식 도우미의 가장 기본적인 기능이다. 애플의 시리, 구글의 구글 어시스턴트, 아마존 알렉사가 빅스비의 경쟁자들이다.

처음 빅스비를 선보일 당시 이용자들의 반응은 불만족에 가까웠다. 그도 그럴 것이, 아직 완성되지 않은 베타버전에 가까운 형태였기 때문이다.

2017년 12월, 시행착오라고도 평가되는 1.0 버전을 주도하던 이인종 부사장이 돌연 회사를 떠난다. 간편 결제인 삼성페이 서비스도 함께 주도하던 그의 역할과 입지를 고려

삼성전자의 연구 개발 전진기지로 삼성의 미래 성장 동력을 발굴하는 역할을 수행 중인 삼성 리서치아메리카(SRA)ⓒ이재운.

할 때 일각에서는 내부 구성원과의 문제를 거론하기도 했지만, 삼성 측은 빅스비 프로젝트의 '새 출발'을 위한 결정이라고 밝혔다. 2.0 버전은 더 다양한 기기에서 완벽하게 구동되는 보다 완성도 높은 서비스여야만 했다. 그 중책을 맡은 것은 미국 실리콘밸리 소재 R&D 조직인 SRA의 정의석 부사장이었다.

　현재 이 부문에서 삼성의 경쟁자들의 행보는 아직 확장성이 부족하다는 평가를 받는다. 애플의 시리는 아이폰·아이패드 시리즈에서만, 구글 어시스턴트는 스마트 TV와 안드로이드 스마트폰에서만, 아마존 알렉사와 마이크로소프트의 코타나는 AI 스피커에서만 주로 동작하기 때문이다.

이에 비해 삼성 빅스비는 스마트폰과 스마트 TV에 이어 냉장고와 에어컨, 세탁기에 이르기까지 폭넓게 적용된다는 장점을 가지고 있다. 삼성전자가 폭넓은 제품군 라인업을 직접 보유하고 있다는 점이 작용한 결과라 할 수 있다.

빅스비는 결국 AI 전면 경쟁 시대에 삼성전자를 이끌 구원자 역할을 하고 있다.

마크롱과 나눈 이야기는 무엇?

2018년 3월 28일, 이재용 부회장의 출소 후 첫 공식적인 움직임이 포착됐다. 프랑스 파리를 방문해 에마뉘엘 마크롱 대통령과 접견한다는 소식이 국내외 언론을 통해 일제히 전해진 것이다. 하지만 실제로는 손영권 CSO만 나타났는데, 이 자리에서 다룬 주요 안건은 단연 'AI'였다. 삼성전자는 파리에 AI 랩Lab을 개설하며 "프랑스 정부의 AI 관련 인력 양성과 산업 육성에 대한 의지에 확신을 가졌다"고 설명했다.

AI 랩을 개설한 곳은 프랑스뿐만 아니라 캐나다와 러시아, 영국 등 여러 나라가 있지만, 가장 주목을 받는 곳은 역시 프랑스와 캐나다이다. 두 나라 모두 AI 분야에 앞선 투자를 통해 미국 주도의 IT 분야 패권에 도전장을 내밀고 있다.

프랑스는 IT 분야에서 스타트업 육성 프로그램을 비롯해 다양한 성장 지원책을 운영하고 있다. 그중에서도 특히 신경 쓰는 육성 분야가 바로 AI다. 수학자와 엔지니어가 중심인 관련 인력을 양성해 이 분야를 새로운 핵심 산업으로 육성하려는 움직임을 보이고 있다. 삼성전자 역시 이런 유치 노력을 보고 100명가량을 고용하는 R&D 센터를 열었다.

캐나다 또한 몬트리올대학을 중심으로 AI 전문 인력을 배출하고 있으며, 엘리먼트AI를 비롯한 다양한 AI 스타트업이 등장하며 AI 산업의 새로운 혁신 성장 동력으로 자리매김하고 있다. 삼성전자는 토론토에 AI 연구소를 마련했다.

데이비드 은 부사장이 이끄는 삼성 넥스트는 '넥스트 Q 펀드'라는 AI 투자 전용 펀드를 운영한다. 시뮬레이션 학습과 직관 물리학, 로봇 제어, 인간-컴퓨터 간 상호작용, 메타러닝, 자율주행 등 AI 관련 요소 기술에 대한 투자에 활용하는 재원이다. 딥러닝 분야의 전문가 데이비드 듀브노드 교수(벡터연구소)와 올가 루사코브스키 교수(프린스턴대학) 등이 펀드 운용에 자문하는 것이 밝혀져 화제가 됐다.

이에 앞서 삼성 넥스트는 AI 기반 번역 기술을 가진 언바벨에 투자를 진행하기도 했다. 또한 삼성벤처투자는 AI 음성 인식 기술 업체 오디오버스트에 투자하는 등 언어 처리 관련 기술에 적극적인 지원을 아끼지 않고 있다.

삼성의 인공지능 청사진

관련 업계에서는 현 상황을 볼 때 삼성전자가 과거 로봇 분야에서 이른 시기에 철수한 것이 아쉽다는 평가를 내린다. 2005년 메카트로닉스연구소의 수직 다관절 로봇 등 산업용 로봇 사업을 공장 자동화 솔루션 업체인 로크웰오토메이션에 넘기며 산업용 로봇 시장에서 사실상 철수한 뒤 삼성전자는 물론 그룹 차원의 로봇 사업도 동력과 중심을 잃은 상태였다.

많은 이들이 잘 모르지만 삼성표 휴머노이드도 있긴 했다. '로보레이'라는 이름의 이 제품은 노경식 마스터 주도로 개발된 이족 보행 로봇이었으나, 2012년 1세대 제품 개발 이후 후속 프로젝트로 이어지지 못했다. 그 후 페퍼, 아시모 등 일본 업체들의 제품이 등장했다는 점에서 진한 아쉬움이 남는 대목이다.

그나마 2014년 삼성테크윈이 한국로봇산업협회 회장사를 맡으며 국방 방산 분야 중심의 로봇 사업 강화 의지를 천명했으나, 얼마 지나지 않아 삼성테크윈을 한화에 매각하는 '빅딜'이 이뤄지며 로봇 사업에 대한 삼성의 관심은 멀어지는 듯했다.

물론 삼성이 아예 로봇에 대한 투자를 등한시한 것은 아니다. 삼성중공업은 조선소에서 사용할 수중 로봇에 대한 연구를 이어가고 있고, 삼성전자도 로봇 청소기에 대한 R&D를 이어가고 있다. 그렇지만 LG전자나 도요타자동차 같은 국내외 다른 기업들과 비교하면 회사 규모에 비해 투자에 소극적이었고, 기술적으로도 앞서지 못했다는 점에서 아쉬움이 남는다.

AI 이야기를 하다 갑자기 로봇을 언급한 이유는, 삼성이 로봇에 대한 관심을 줄였던 과거의 결정이 아쉬웠기 때문이다. 로봇 기술의 고도화를 위해서는 AI에 대한 R&D가 반드시 선행되어야 했고, 이는 자연스럽게 자연어 처리나 영상 인식 기술과 같은 근본 경쟁력을 다지는 데 크게 기여했을 것이기 때문이다.

그래도 삼성전자는 옴니아와 갤럭시 시리즈를 통해 빠르

게 스마트폰 시장에 뛰어들어 선도 업체를 따라잡은 경험이 있다. 따라서 예전에 기회를 제대로 활용하지 못한 점은 아쉽지만, 지금이라도 상당한 규모로 집중 투자를 진행하는 점은 다행이라 하겠다. 삼성전자는 2020년까지 1,000명 규모의 AI 전문 R&D 인력을 활용해 AI 기술 개발에 박차를 가한다는 계획을 가지고 있다.

강 인공지능 vs 약 인공지능

영국에서 인기를 끈 드라마 〈휴먼스Humans〉를 보면 인공지능을 탑
재한 휴머노이드와 인류가 함께 살아가며 생기는 여러 화두가 등장
한다.

작품 속의 인공지능은 친구나 보모의 역할을 대신하는 수준으로
그려지는데, 이는 우리가 흔히 생각하는 미래형 인공지능의 전형적인
모습이기도 하다. 이처럼 인간을 대체할 수 있는 수준이 '강 인공지능
Strong AI'이다.

강 인공지능은 실제 인간처럼 판단하고 행동할 수 있는 수준을 의
미한다. 〈아이언맨〉에 나오는 자비스를 생각하면 이해가 빠를 것이
다. 직접 판단을 내리고, 인간에게 조언을 해줄 수도 있다. 일각에서
는 매트릭스 시리즈에서처럼 기계가 인간을 지배할 수도 있다고 우려
하는데, 이때 말하는 것이 바로 강 인공지능이다.

현실화까지 현실적 장벽이 겹겹이 쌓여 있는 강 인공지능과 달리,
우리가 현재 보조적으로 사용하는 수준의 인공지능은 '약 인공지능
Weak AI'이다. 삼성의 빅스비를 비롯해 애플의 시리, 구글의 구글 어시
스턴트 등이 이에 해당한다고 할 수 있다. 그나마도 이들은 조금 진화
한 수준이고, 그 이전에 컴퓨터 게임에서 실제 이용자 대신 짝을 맞춰
주는 수준의 자동 게임 실행 모드를 생각하면 더 이해가 빠를 것이다.

약 인공지능은 게임을 시작으로 자동화^{Automation}를 적용한 알고리즘에 의해 반복적인 실행을 할 수 있다. 여기에서 실행 순서를 조금씩 바꿔가며 변칙을 주면 조금이나마 사람과 같은 느낌을 줄 수 있다.

약 인공지능의 한계를 깨는 것이 바로 기계 학습^{Machine Learning}이다. 기계 스스로 데이터를 통해 학습하며 성능을 개선해나가는 기술로, 약 인공지능의 성능을 개선한다.

물론 이 기계 학습의 수준을 더욱 높인다면 시간이 지나 강 인공지능이 될 수도 있을 것이다. 하지만 현재 기반 데이터의 상황이나, 빅데이터 분석 기술 자체를 인간이 만들어야 하고 이를 실제 인간처럼 사고하고 이해할 수 있는 수준으로 끌어올리는 데 넘어야 할 장벽이 수두룩하다는 점에서 여전히 강 인공지능은 비현실적인 먼 미래의 이야기다.

7장

'5만 원' 국민주와
중간배당

2018년 5월, 삼성전자 주가가 50분의 1로 낮아졌다. 코스피 시장의 대장주이자, 주당 250만 원대에 달하던 삼성전자 주식은 한 주라도 갖고 있다는 것만으로도 이미 중산층 이상 계층에 속한다는 점을 보여주는 징표였다. 그런 삼성전자 주식이 50분의 1로 '쪼개져' 주주로의 진입 문턱을 낮춘 것이다.

IMF 외환 위기, 그때 샀더라면

삼성전자가 주식시장에 처음 상장된 것은 1975년 6월 11일이다. 당시 6,000원이었던 주가는 1989년 4만 5,900원으로, 조금씩 늘어났다. 그러다 D램 시장 세계 1위에 처음 오른 후인 1994년 10만 원대를 기록했지만, IMF 외환 위기 충격을 피해가진 못했다.

1990년대 말 유상증자 등의 여파로 삼성전자의 주가는 3만~4만 원대를 오간다(당시 삼성전자는 '비메모리' 사업부를 미국 페어차일드에 매각했는데, 이 사업장은 경기도 부천 지역에서 사업을 확장해가고 있었다. 물론 기업은 언제나 잘나갈 수만 있는 것은 아니며 부침이 있기 마련이지만, 메모리 이외의 사업에 대한 확대를 모색하는 상황에서 아쉬움이 남는 것은 어쩔 수 없는 대목이다).

그러다 '닷컴 열풍'으로 대표되는 IT 바람이 강하게 불면서 2000년에 주가가 30만 원을 넘어선다. 이후 반도체와 스마트폰, 가전 등 모든 사업이 성장하면서 액면분할 이전 최고가는 287만 6,000원까지 올랐다. 수치상으로만 보면 IMF 외환 위기 당시보다 80배 이상 오른, 즉 8,000%가량의 수익 실현이 가능한 수준에 이른 것이다.

엘리엇의 '어깃장', JY의 철학과 만나다

삼성전자를 비롯한 삼성그룹 전반의 주주 환원 정책에

삼성전자의 빅픽처

큰 변화를 가져온 것은 바로 행동주의 펀드 엘리엇이 등장한 2015년 삼성물산-제일모직 합병과 그 이후 이어진 일련의 과정 동안이다.

합병이 이루어지기 이전의 삼성물산 주총장에 취재를 나갔던 나는 삼성물산의 오랜 주주들이 격앙된 감정을 억누르고 "애국심을 생각해서 당신들에 찬성하는 거요"라고 외치자 삼성이 긴장하던 모습을 생생하게 기억한다.

(삼성 입장에선) 다행히도 합병안이 가결됐지만, 삼성전자의 경우는 또 다른 상황을 고려해야 했다. 천문학적인 영업이익을 내고, 경이로운 수준의 이익률을 기록하는 상황에서 배당 확대에 대한 주주들의 요구가 빗발쳤기 때문이다. 특히 외국인 주주들은 투명성과 관련해 시비를 걸며 미국 언론과 연계한 언론 플레이를 통해 거세게 압박해왔다.

삼성전자는 결국 2017년 10월 이사회에서 '향후 3년간 주주 배당금을 기존의 2배 수준으로 늘리겠다'는 목표를 제시하고, 2018년부터 매 분기 배당을 실시하는 '중간배당' 카드를 꺼내들었다.

이재용 부회장의 철학은 '할 것 하자, 솔직하게'라고 표현할 수 있다. 이 부회장은 기성세대에 비해 더 수평적이고 소탈한 측면을 중시하는 것으로 알려져 있다. 국정 농단 관련 재판에서도 이 부회장은 "창업주인 할아버지 선대 회장님(이병철)과 제2의 창업을 일군 아버지 회장님(이건희)에 이어 제게도 요구되는 것이 있다고 생각한다"고 발언한 바 있는데, 삼성 안팎에서는 결국 사회에 대한 기여 확대와 미래 성장 동력 발굴을 통틀어 말하는 개념이라고 해석한다.

여기서 다시 액면분할의 의미를 보자. 삼성전자 주식에 대한 접근성이 높아질수록 다양한 목소리를 담아낼 수 있다. 삼성전자의 주주가 되기 쉬워진다는 것은, 그만큼 이 부회장의 기조와도 연결된다. 250만 원이 5만 원이 된 것은, 결국 '부자들'만 가질 수 있었던 삼성전자의 주식을 '만인'에게 돌렸다는 의미가 된다.

물론 일각에서는 상속 과정과 연관된 문제라는 시각을 제기하기도 하지만, 현재로서는 이 부회장과 그의 참모들이 굳이 세금 문제를 무리하게 진행할 이유가 없다고 봐도 무방하다. 과거 권위주의 시절이면 몰라도, 지금은 국내는 물론 해외에서까지 사방에서 지켜보고 있기 때문이다.

이건희 회장 사망설이 돌 당시, 삼성 홍보 담당자들이 한 이야기가 이를 반증한다. "조금만 지나면 의료계에서 다 알 수 있는데 우리가 왜 거짓말을 하겠습니까?"

물산의 변화를 전자 주주들이 지켜봐야 할 이유

한편 엘리엇은 이후에도 삼성물산 합병 과정을 두고 계속 제동을 걸었는데, 이 과정에서 삼성에 찬성표를 던졌던 국민연금공단의 결정에 국정 농단 세력이 연관됐다는 점에서 엘리엇 측의 공격이 계속되기도 했지만 결국 사그러들고 있다.

다만 합병 당시 삼성 측이 제시한 주요 근거의 하나로 '지주사가 되는 데 따른 브랜드 사용료 수익 기대'가 있었는데, 국정 농단 재판이나 엘리엇의 공세에 삼성 측이 이를 다시 강조 제시하지 않고 넣어둔 배경은 단순히 커뮤니케이션상의 전략인지, 아니면 내부적으로 방향 선회가 있는 것인지 두고 볼 필요가 있겠다.

특히나 지주사 체제 전환을 두고 삼성물산의 변화를 지켜보는 일은 매우 중요하다. 삼성전자의 주가에도 영향을 미치기 때문이다.

삼성물산이 지주사가 되고 삼성그룹이 지주사 체제가 되면, 공정거래법에 의해 손자 회사를 두는 데 제약이 생긴다. 손자 회사가 다른 회사를 인수하는 것이 불가능해지기 때문이다. 가령 삼성디스플레이는 다른 업체에 대한 지분 투자나 인수를 통한 사업 확장이 어려워진다. 그렇게 되면 자연스레 중간 지주사 도입 논의가 이어질 것이다. 한때 거론된 삼성전자의 분할을 통한 시나리오가 바로 그것이다.

2014년 키움증권 보고서에 언급된 방안을 중심으로 거론된 시나리오는 삼성전자를 인적 분할 형태로 쪼개 중간 지주사 법인과 실제 사업을 담당할 법인으로 나누는 방식이다. 이렇게 될 경우 삼성전자의 주가 향방이 어떻게 될지도 지켜봐야 한다. 단기적인 전망은 누구도 명확히 내놓기 어렵다.

다만 확실한 건, 지배 구조 이슈가 해소되면서 장기적으로 기업 가치는 더욱 높아질 거란 점이다. 지금 삼성전자를 짓누르는 요소 중 하나가 명확히 해소된다는 점은 분명 긍정적이라 할 수 있다. 적어도 자기 자신과의 싸움 중 한 가지는 털어내기 때문이다.

뜨거운 감자가 될 수 있는 브랜드 사용료

삼성은 국정 농단 사태 이후 사회적 이슈에 극도로 예민한 반응과 신중한 태도를 보이고 있다. 지주사의 삼성 브랜드 사용료 화두가 자칫 삼성에 대한 부정적 여론의 타깃이 되기 쉽다는 점에서 특히나 신중할 법하다.

그룹명도 하나의 상표이고, 당연히 누군가가 소유권을 갖고 다른 이용자는 이에 대한 사용료를 내야 한다. 보통의 경우 지주사 체제의 대기업 집단(그룹)에선 지주사가 브랜드를 보유하고 이에 대한 사용료를 받아 재원으로 활용한다.

문제는 이 과정에서 사용료를 과도하게 부과한다는 비판이 시민사회 일각에서 나온다는 점이다. 정부가 이에 호응하는 방침을 이따금씩 내놓고, 정치권도 국정감사 등에서 이에 대해 문제를 제기하면 기업들은 위축되기 마련이다.

삼성은 아직까지 삼성이라는 브랜드 사용료 때문에 문제를 겪은 적이 없었다. 지주사가 없기 때문에 사용료를 징수하는 주체도 없었다. 하지만 지주사 체제가 되면 이야기가 달라진다. 심지어 삼성은 제일모직과의 합병 과정에서 삼성물산 구주주들에게 브랜드 사용료를 받는 부분을 언급한 상태다. 자연히 많은 이들이 여기에 주목할 수밖에 없다.

특히 '삼성전자'로 대표되는 삼성 브랜드의 가치는 어마어마하다. 2017년 9월 삼성전자는 공식 소식 전달 채널인 뉴스룸을 통해 미국의 브랜드 평가 기관인 인터브랜드가 산정한 삼성 브랜드 가치를 발표했다. 삼성은 '글로벌 100대 브랜드Best Global Brands'에서 6위를 차지하며 전년 대비 순위가 한 계단 상승했고, 가치 금액도 562억 달러에 이르렀다.

	'11년	'12년	'13년	'14년	'15년	'16년	'17년
브랜드 가치 (달러)	234억 (20%↑)	329억 (40%↑)	396억 (20%↑)	455억 (15%↑)	453억 (−)	518억 (14%↑)	562억 (9%↑)
순위	17위	9위	8위	7위	7위	7위	6위

어디까지 올라갈지 모르지만, 인터브랜드 발표 기준 삼성 브랜드의 가치는 2012년 9위로 처음 10위권 안에 진입한 이후 순위와 가치가 계속 상승세다. 스마트폰 사업의 성공, 그리고 반도체 시장의 강한 지배력에 힘입어 가치는 계속 상승하고 있다.

다시 지주사의 브랜드 사용료 이야기로 돌아가보자. 대체 삼성전자는 지주사에 얼마를 내야 할까? 나아가, 삼성이란 브랜드 가치를 만든 것은 결국 삼성전자의 경쟁력인데, 삼성전자가 지주사에 사용료를 낸다는 건 어떻게 논리적으로 설명할 수 있을까? 그렇다고 삼성전자의 부담을 줄여줄 경우 생길 수도 있는, 그간 삼성전자에 밀려 소외됐던 '다른 계열사'들의 반발에는 어떻게 대응할까?

이런 여러 질문을 안고 삼성은 지주사 전환을 추진해나갈 것이다. 그간 보여준 삼성의 논리 구조가 과연 어떻게 나올 것인지 지켜볼 만한 대목이다.

삼성전자의 숨은 조직, 두 개의 다른 부서

삼성전자에는 '드러나 있는 동시에 숨어 있는' 두 조직이 있다. 숨은 실세라는 '사업 지원 TF'와 잊혀진 듯 잊혀지지 않는 '의료 기기 사업부'이다.

이 둘의 존재는 이미 언론 보도 등을 통해 다 알려져 있다. 대략적인 역할 역시 언론에 밝혀져 있다. 둘의 위상은 자못 다르다. 하나는 막후에서 실력 행사를, 다른 하나는 핵심 부서로 꼽히면서도 계륵 같은 존재다.

"감히 누가 내 인사를 결정한단 말이냐"

사업 지원 TF는 이재용 부회장이 구속 수감된 이후 미래전략실이 해체되면서 생긴 총괄 컨트롤타워의 공백을 메우기 위해 만들어진 조직이다.

삼성전자와 삼성디스플레이, 삼성전기, 삼성SDI, 삼성SDS 등 전자 관련 계열사 간에 투자, 인수합병(M&A) 등의 중복이 생기지 않도록 하는 컨트롤타워 역할을 맡는다. 여기까지는 공개된 내용이다. 그런데 여기에 추가되는 것이 바로 인사권이다. 공식적으로 밝히지 않았을 뿐, 전체적인 '큰 그림'을 총괄 지휘하는 조직 특성상 자연스레 인사권을 행사하는 것이다.

문제는 사업 지원 TF가 그 명칭처럼 강한 힘을 갖기 어렵다는 점이다. 과거 미래전략실, 그 이전의 구조조정본부 등 기존의 그룹 상부 조직은 아예 모든 권한을 갖는다는 공감대가 그룹 내부에 어느 정도 형성되어 있었다. 때문에 인사권을 행사하는 데 큰 무리가 없었다. 오히려 미묘한 갈등을 조정하는 역할도 가능했다.

하지만 사업 지원 TF는 이야기가 다르다. 이재용 부회장의 옥고로 그룹 상부 조직이 모두 해체된 상태에서 최소한의 조정을 하겠다며 만들어진 임시 조직의 성격을 띠고 있기 때문이다. 이 때문에 일부 고위 임원들은 "감히 누가 내 인사를 결정한단 말이냐"며 반발하는 경우도 있었다는 후문이다.

그럼에도 결국 삼성전자는 권오현-신종균-윤부근 세대에서 김기남-김현석-고동진으로 새로운 트로이카 체제를 시작하며 세대교체를 단행했다. 반발을 누르고 변화가 이어진 배경에는 결국 조직 분위기 쇄신이 필요하다는 공감대가 작용했을 것이다. 삼성의 새로운 모습을 보여줄 필요가 있다는 지적을 수용한 셈이다.

기대가 컸기에 아쉬움도 큰 의료 기기 사업

삼성전자가 국산 의료 기기 제조사 메디슨을 깜짝 인수한 게 2011년이다. 앞서 삼성그룹은 5대 신수종 사업의 하나로 의료 기기 사업을 선정하면서 2010년 레이(X-ray 촬영 장비 업체), 2011년 메디슨과 넥서스, 2013년 뉴로로지카(CT 촬영 장비 업체) 등을 인수하는 행보

새로운 트로이카 체제의 한 축으로 부상한 김현석 삼성전자 CE 부문 대표이사(사진 제공=삼성전자).

를 보였다.

이는 또 다른 신수종 사업인 바이오산업과 맞물려 시너지가 기대됐다. 특히 삼성 계열 대형 종합병원인 삼성서울병원과 강북삼성병원이 있다는 점을 비롯해 삼성전자의 반도체, 전자 장비 제조 기술과 영업망이 시너지를 낼 수 있다는 분석이 제기됐다.

하지만 삼성전자 핵심 인물들의 사업부장 부임에도 계속 의료 기기 사업부는 부진했다. CE 부문 내에 속해 있었지만 실적 발표에서 거의 언급이 되지 않았고, 자회사인 삼성메디슨 합병설이나 외부 매각설 등이 불거지는 등 힘을 쓰지 못하고 있다.

2018년 9월에는 체외 진단기 분야를 일본 업체에 매각한다는 소식이, 앞서 같은 해 6월에는 넥서스 매각 추진 소식이 전해졌다. 그만큼 수익을 내기가 쉽지 않아 구조 조정을 계속하고 있는 셈이다.

전자 업계나 의료 분야에서는 삼성전자가 의료 기기 시장에서 다소 무리한 드라이브를 걸었으나 시장 특성과 맞지 않았던 것이 시행착오로 이어졌다고 풀이한다. 의료 기기 분야는 보수적인 성향이 강하고, 대형 업체 M&A도 활발하지 않은 편이다. 삼성이라는 브랜드는 의료 기기 시장에서 아직 낯선 이름인 데다 M&A를 통한 시너지 확보도 생각보다 어렵다. 자동차 전장 분야에서 하만 인수로 단박에 공급선을 확보한 것과는 다른 풍토인 셈이다.

결과적으로 현재 전동수 사장이 이끌고 있는 의료 기기 사업부는 지금보다 존재감을 키우기가 쉽지 않아 보인다. CE 부문에서 분리돼 독립 사업부로 존재하면서 새로운 활로를 모색하고 있지만, 성장과 확장은 어렵다는 평가가 대부분이다.

책의 서막을 연 내용이 삼성의 브랜드 변화에 대한 내용이었는데, 책을 마무리하는 시점에서 다루는 이야기도 계속 브랜드 경쟁력에 관한 이야기이다.

앞서 살펴봤듯이 삼성이라는 브랜드는 삼성전자를 중심으로 다른 계열사들이 지원사격하는 방식으로 커왔다. 철저히 중앙화Centralized된 방식이다. 분산 대신 집중을 선택한 결과다.

하지만 이제 시대는 블록체인으로 대표되는 탈중앙화De-centralized된 시대로 변화한다. 따라서 현재의 삼성전자 체제가 이대로 지속될지에 대한 의문은 계속될 것이다. 나아가 이미 다룬 것처럼 지주사 체제하에서의 삼성전자는 또다시 변화에 직면할 것이고, 만만치 않은 수많은 과제를 맞닥뜨리게 될 것이다.

여기서 독자들이 궁금해할 사항은 결국 '그래서 삼성전자의 주가는 어떻게 될 것인가'이다. 삼성전자의 기업 가치를 추정해 산정하는 일은 쉽지 않지만, 장기적인 그래프는 결코 흔들리지 않을 것임을 확신해도 되지 않을까?

4차 산업혁명, 인더스트리 4.0의 시대는 모든 것을 IT 기반으로 만든다. 삼성전자는 소프트웨어마저 수직 계열화하고 있다. 나아가 다른 소프트웨어 강자들마저 삼성전자의 하드웨어 경쟁력을 기반으로 협업하도록 만들고 있다.

물론 중국의 추격은 거세지만, 시장은 그들을 기다려주지 않는다. 중국 스스로도 안다. 자신들이 세계의 중심이었던 예전 같은 중화 시대가 다시 구현되기 어려우리란 사실을 말이다. 중화사상이 구현됐다던 시대는 기실 동양 문화권에 국한된 것이었고, 지금은 미국과의 무역 전쟁에서 어려움을 겪으며 흔들리고 있다.

현재와 같은 '시진핑의 중국'은 언젠가 또 변화할 것이다. 삼성은, 이재용 부회장은 이런 상황을 어떻게 헤쳐나갈 수 있을까? 지금도 중국 전역에서 활동 중인 중국삼성 임직원과 지역 전문가 과정을 밟는 이들의 현장 보고서가 계속 올라오고 있다. 반도체는 쫓아오려 하고, 스마트폰은 도통 팔리지 않는 난관을 헤쳐가야 하는, 결코 녹록지 않은 상황이다.

국내에서의 정경 유착 관련 이슈로 옥살이를 경험한 리더는 이제 자신에게 주어진 새로운 과제를 헤쳐나가야 한다. 동양사학을 전공한 젊은 오너의 결정이 어디로 향할지 지켜볼 일이다.

한국을 대표하는 기업을 꼽으라면 당연스레 '삼성전자'가 가장 먼저 떠오른다. 하지만 막상 삼성전자의 '전체'에 대해서는 잘 알지 못한다. 갤럭시, 반도체 등을 떠올릴 뿐이다.

삼성전자에 대한 소식이 매일같이 쏟아져나오지만 회사 전체를 아우르는 '큰 그림'을 보여주는 경우는 많지 않았다. 그래서 시작한 정리가 우연히 한 권의 책으로 이어졌다. '하나의 사업체로서' 삼성전자는 어떤 모습인지, 독자 여러분이 파악하는 데 도움이 되길 바란다.

2019년 1월
이재운

지은이 **이재운**

IT에 관심이 많은 경영학도 출신으로, 2013년 IT 전문 매체인 지디넷코리아에서 기자 생활을 시작해 현재 경제지 이데일리에서 근무하고 있다. 기자 생활 내내 삼성전자를 비롯한 삼성그룹 계열사의 전자·IT 산업에 대해 취재해왔다. 기술 개발부터 마케팅과 홍보, 지배 구조 등 삼성전자가 중심이 되는 삼성그룹 행보에서 부분보다는 전체적인 그림을 보는 데 초점을 맞춘 기사에 주력하고 있다.

삼성전자의 빅픽처

발행일　　2019년 1월 30일(초판 1쇄)

지은이　　이재운
펴낸이　　이지열
펴낸곳　　미지북스
　　　　　서울 마포구 성암로 15길 46(상암동 2-120) 201호
　　　　　우편번호 03930
　　　　　전화 070-7533-1848　팩스 02-713-1848
　　　　　mizibooks@naver.com
　　　　　출판 등록 2008년 2월 13일 제313-2008-000029호

책임 편집　오영나, 서재왕
출력　　　상지출력센터
인쇄　　　한영문화사

ISBN　　979-11-964955-1-0　03320
값 9,000원

· 블로그 http://mizibooks.tistory.com
· 트위터 http://twitter.com/mizibooks
· 페이스북 http://facebook.com/pub.mizibooks